Traute Wohlers-Scharf

Eine Glücksfibel
*Vademecum für
Eleonora und Tudora*

novum pro

www.novumverlag.com

Bibliografische Information der Deutschen Nationalbibliothek:

Die Deutsche Nationalbibliothek verzeichnet diese Publikation in der Deutschen Nationalbibliografie. Detaillierte bibliografische Daten sind im Internet über http://www.d-nb.de abrufbar.

Alle Rechte der Verbreitung, auch durch Film, Funk und Fernsehen, fotomechanische Wiedergabe, Tonträger, elektronische Datenträger und auszugsweisen Nachdruck, sind vorbehalten

Gedruckt in der Europäischen Union auf umweltfreundlichem, chlor- und säurefrei gebleichtem Papier.

Die von der Autorin zur Verfügung gestellten Abbildungen wurden in der bestmöglichen Qualität gedruckt.

© 2023 novum Verlag

ISBN 978-3-99131-647-3
Lektorat: Sandra Pichler
Umschlagabbildung: „Die Geburt der Zwillinge", Traute Wohlers-Scharf
Umschlaggestaltung, Layout & Satz: novum Verlag
Innenabbildungen: siehe Bildquellennachweis S. 80
Autorenfoto: Traute Wohlers-Scharf

Trotz aller Bemühungen ist es der Autorin nicht gelungen, alle Rechteinhaber der Bilder ausfindig zu machen. Setzen Sie sich daher bitte mit dem Verlag in Verbindung, falls Vergütungen anliegen.

www.novumverlag.com

Inhaltsverzeichnis

Prolog: Die Ankunft der Zwillinge
auf dem blauen Planeten 7

Das Prinzip der Geistigkeit und Schöpfung 14

Das Prinzip der Resonanz und der Entsprechung 22

Das Prinzip der Schwingung 28

Das Prinzip der Polarität 35

Das Prinzip des Rhythmus 41

Das Prinzip von Ursache und Wirkung 52

Das Prinzip des Geschlechts 59

An Stelle eines Epilogs 69

Abbildungen 80

Prolog: Die Ankunft der Zwillinge auf dem blauen Planeten

Uns trennen altersmäßig viele Jahrzehnte. Wie viele meiner Erfahrungen, Irrwege, Aha-Erlebnisse, große und kleine Einsichten werde ich euch noch direkt vermitteln können?

Ich will euch euer Recht auf persönliche Irrtümer und Weisheiten nicht streitig machen. Aber ich möchte euch doch etwas mitgeben, das ich auf keiner der vielen Fakultäten verschiedener Universitäten je vernommen oder aufgeschnappt habe.

Und doch hätten die sieben Geheimnisse, von denen ich erzählen werde, mein Denken, Reden und Handeln sehr beeinflussen können, hätte ich früher davon gewusst. Ich hätte glücklicher sein können!

Ich möchte euch das an einigen Beispielen näher erläutern:
- Das Loslassen von Menschen und Erwartungen, die nicht meinen Schwingungen entsprechen, geschah erst nach zu langer Zeit unnötiger Frustration. Man kann nichts erzwingen, wenn es nicht zusammenpasst.
- Andererseits hätte ich nicht so dringend und schnell nach Erreichung von Zielen streben sollen. Jede Verwandlung, jede Veränderung hat ihren eigenen Rhythmus, den man nicht durchbrechen kann. Gras wächst nicht schneller, wenn man daran zieht, sagt man in Afrika.
- Ich hätte Konfrontationen anders begegnen, nicht persönlich nehmen, zunächst einen Mittelweg suchen können; denn auch Gegensätze haben einen gemeinsamen Nenner.
- Und das Wichtigste wäre gewesen, nach einer Metaebene zu suchen, um Probleme zu lösen. Damit ist die höhere Ebene gemeint, die Ebene dahinter, die der eigentliche Ausgangspunkt ist. Um eine Metapher zu verwenden: So wie man in Afrika „eins, zwei, viele" zählt, kann man ein Problem aus

Gegenwart, Zukunft und Unendlichkeit unterschiedlich bewerten. Um einen Perspektivwechsel zu finden, sind die hermetischen Lehren sehr hilfreich.

Obwohl uralt und nicht offenkundig, kann man diese Prinzipien in so manchen Symbolen, Legenden und Märchen auf der ganzen Welt erkennen, wenn man Augen hat, um zu sehen und Ohren zu hören. Dann offenbaren sich die sieben kosmischen Gesetze, die das gesamte Universum regieren und noch vor den Gesetzen der Bibel stehen.

Diese Prinzipien sind genauso gültig und in Stein und Fels gemeißelt wie die Gesetze der Physik, von deren Existenz ihr auch noch nichts wisst, die euch aber in der Schule rechtzeitig beigebracht werden.

Ihr seid beide eine Idee gewesen, ein Wunsch nach einem Kind. Das Wunder geschah, und so kamen Zwillinge auf dem blauen Planeten an. Dies entspricht dem Prinzip der Schöpfung. Ihr habt lange gezögert, aber der Wunsch war so unerschütterlich und nachhaltig, dass ihr euch doch darauf eingelassen habt. Eure hohen Schwingungen haben sich so lange verlangsamt, bis ihr in der Wiege gelegen seid:

Eleonora, „Gott ist mein Licht", arabischen Ursprungs: *Allahu nuri* und Tudora, „Geschenk Gottes", ein Name mit griechischen Wurzeln: *theos* „Gott" – und *doron* „Weihgeschenk". Dieses Ereignis, die Geburt der Zwillinge, regiert das erste hermetische Gesetz, das Prinzip der Geistigkeit und Schöpfung, das über der Materie steht.

Dies gehört zu den Gesetzmäßigkeiten, nach denen das Universum, der gesamte Kosmos, funktioniert. Es sind Gesetze des Bewusstseins, die uns Menschen mental und emotional berühren. Sie wirken im gesamten Universum und sind immer aktiv. Die Gesetze der Schwerkraft zum Beispiel wirken nur im Bereich der Erdatmosphäre. Darum schweben die Astronauten auch in ihren Raumkapseln, wenn sie weit genug von uns entfernt sind.

Die hermetischen Gesetze sind ein Modell, das sowohl Zusammenhänge des eigenen Lebens als auch das anderer Menschen aufzeigt. Ist man sich dieser Gesetze bewusst, kann man selbst die Richtung seines Lebens bestimmen, und ist nicht so abhängig von äußeren Ereignissen und Einflüssen. Diese Prinzipien findet man in vielen heiligen Schriften eingebaut – in den Texten der Veden, der Bibel, in den heiligen Büchern der Perser, etc. – die sich mit den Grundaussagen der hermetischen Gesetze decken.

Die Entstehung der Zusammenfassung dieser geistigen Prinzipien wird bereits in der Zeit des alten Ägyptens vermutet. Dort soll zu Zeiten Moses und Abrahams ein weiser Philosoph und Priester, Hermes Trismegistos, diese sieben Prinzipien erstellt und auf smaragdenen Tafeln festgehalten haben. Vor etwa 4000 Jahren hat dieser dreimal Weise diese grundsätzlichen Muster erkannt und formuliert. Sie wurden später unter dem Namen „das Kybalion" mündlich weitergegeben.

Erst im Jahre 1908 wurden diese Gesetze durch die Publikation des Kybalion der größeren Öffentlichkeit in den USA bekannt. Die Autoren dieses Werkes sind unbekannt. „Drei Initianten" gaben das Werk heraus.

Die Bedeutung des Kybalion ist nicht klar. Es könnte mit Kybernetik zu tun haben. Wörtlich übersetzt heißt es „Schiffskapitän". Es kann ausdrücken, dass Menschen manchmal Hilfe und Unterstützung benötigen, um in schwierigen Situationen zu bestehen. „Jeder, der ohne Führer reist, benötigt 200 Jahre für einen Zwei-Tages-Ausflug", ist eine chinesische Weisheit.

Im Folgenden sollen die sieben Prinzipien kurz vorgestellt werden. Anschließend werden die einzelnen Abschnitte jedes Prinzips in Wort und Bild präsentiert.

Die hermetischen Gesetze klingen zunächst sehr theoretisch. Dennoch gibt es konkrete Möglichkeiten, wie man diese Prinzipien im täglichen Leben nutzen kann. Dies sollte euch neugierig machen.

1. Das Prinzip der Geistigkeit und Schöpfung: Dieses grundlegende Gesetz besagt, dass der Ursprung des Lebens geistiger Natur ist. Gedanken sind es, die Veränderungen in Gang set-

zen und Neues schaffen. Gedanken sind es, die das Bild schaffen, das ein Mensch sich von sich selbst und anderen macht. Wollt ihr euer Leben verändern, fangt bei euren Gedanken an.
2. Das Prinzip der Resonanz: Es fußt auf der Vorstellung, dass Gleiches einander anzieht, während Ungleiches einander abstößt. Du wirst Gleichgesinnte finden und die Dinge und Menschen anziehen, die du dir in deiner Gedankenwelt wünschst. Darum sei achtsam, was du denkst, denn deine Außenwelt wird sich entsprechend verändern.
3. Das Prinzip der Schwingung: Stillstand existiert nicht. Selbst Dinge, die unbeweglich erscheinen, schwingen auf atomarer Ebene. Diesem Prinzip folgend ist die Frequenz deiner eigenen Schwingung entscheidend, um dein Leben nach deinen eigenen Vorstellungen gestalten zu können. Was du denkst, beeinflusst die Frequenz dieser Schwingung und damit auch, welche Resonanz deine Schwingung bei anderen Menschen auslöst.
4. Das Prinzip der Polarität: Macht euch klar, dass Gut und Böse nicht existieren. Entscheidend ist der Blickwinkel, aus dem ihr das Leben betrachtet. Wo Licht ist, ist auch Schatten. Gut und Böse, Hoch und Tief, Klein und Groß bilden immer zwei Gegenpole, die ohne einander nicht existieren können. Dies impliziert, dass Gegensätze identisch sind, weil sie nur unterschiedliche Betrachtungsweisen derselben Sache darstellen.
5. Das Prinzip des Rhythmus: Im Alltag bedeutet dieses Konzept, dass alles, was ihr erlebt, vergänglich ist. Weder Glück noch Trauer sind von Dauer. Der Schwerpunkt schwingt ständig von einem Pol zum anderen. So entsteht ein Kreislauf, der unser Leben bestimmt. Im Alltag bedeutet dieses Prinzip, dass alles, was du erlebst, vergänglich ist. Schätze daher die schönen Augenblicke und mache dir bewusst, dass Krisen auch vorüber gehen werden
6. Das Prinzip von Ursache und Wirkung: Auf jede Aktion folgt eine Reaktion. Nichts passiert ohne Grund. Alles, was du tust, wirkt auf andere. Das, was andere tun, ist die Ursa-

che für alles, was du selbst erlebst. Damit stehen alle Prozesse des Lebens miteinander in Zusammenhang. Gehe achtsam mit dem um, was du in die Welt entsendest.
7. Das Prinzip des Geschlechts: Ebenso wie das Yin und Yang-Symbol, richtet sich dieses Gesetz nach der Vorstellung, dass alles männliche und weibliche Eigenschaften beinhaltet. Wir benötigen beides, um die schöpferische Kraft zu entfalten. Nun erkenne die weiblichen und männlichen Anteile deiner Persönlichkeit an. Nur gemeinsam bilden sie eine Einheit und die Kraft zur Kreativität.

Zusätzlich zu diesen sieben hermetischen Prinzipien gibt es vier Gegensatzpaare, denen niemand entgehen kann Gewinn und Verlust, Lob und Tadel, Freude und Leid, Ehre und Verachtung. Alle Menschen wollen nur Gewinn, Lob, Freude und Ehre. Doch, wo Sonne ist, da ist auch Schatten; wo Tag ist, da ist auch Nacht; wo Leben ist, da ist auch Tod.

Natürlich wollen alle nur die eine Seite und die andere wird vermieden, wie der Teufel das Weihwasser meidet. Doch es hat nie einen Menschen gegeben – weder Kaiser noch Großmogul –, der nur eine Seite erlebt hat. Wir leben in einer Welt der Dualität. Und wir sollten in allem, was geschieht, beides erkennen. Durch diese Einsicht können uns diese Phänomene nicht mehr so unglücklich machen; denn alles ist vergänglich, nichts ist ewig und alles geht vorüber. Mit diesem Wissen kann man sich viel Leid und Kummer ersparen.

Oft sind unsere Wünsche nicht die beste Option in einer Situation und könnten Unglück heraufbeschwören. Darum sei achtsam, was du dir wünschst – es könnte in Erfüllung gehen! Dabei ist das Streben nach Glück doch unser Geburtsrecht. In den Vereinigten Staaten von Amerika ist dies sogar in der Verfassung seit nahezu 250 Jahren verankert.

Das Wort Glück ist in meiner langjährigen Ausbildung zur Psychotherapeutin nie vorgekommen. Arbeitsfähigkeit, Impulskontrolle, Kooperation, Integration, Einsicht, etc. – dies waren Zielvorgaben für eine Therapie. Doch hätte man die Metaebene – Glück des Patienten – angestrebt, dann wären wohl alle anderen Parameter viel leichter entwickelt worden.

Dabei ist Glück eine sehr individuelle Angelegenheit. „Wenn dir nichts fehlt, dann bist du reich und glücklich", geht in die richtige Richtung, lässt aber noch sehr viel offen – und das ist gut so. Es wäre vielleicht nicht unwichtig zu erkennen, dass der westliche Lebensstil und -rhythmus nicht die einzige Variante ist, um auf dem blauen Planeten ein glückliches Leben zu führen.

Dieser Gedanke an das Glück auf eurem Lebensweg war auch die treibende Kraft, die mich dieses Vademecum – „Geh-mit-mir", begleitende Gedanken und Empfehlungen – beginnen ließ. Ursprünglich war diese Literaturgattung für wandernde Studenten im Mittelalter ein Leitfaden mit praktischen Hinweisen und Adressen. Im 17. Jahrhundert wurde es mehr zu einer Fibel mit schöngeistigen Empfehlungen für Reisen und andere mögliche schwierige Situationen. Dann verkümmerte diese Literatur zu einem praktischen Handbuch für spezielle Zwecke.

Nun soll das Vademecum, aus der Vergessenheit gerissen, zu einer Anleitung für ein kreatives und glückliches Leben werden. Es kann kein Kochbuch sein: „Man nehme…" Und es gelingt. Doch wie auch die Bilder – aus allen Ecken des blauen Planeten – zeigen, sind die Gedanken der Hermetik interkulturell und haben in allen Epochen der Menschheitsgeschichte ihre Gültigkeit. Sie sind zeitlos.

Der Schnappschuss von euch stammt aus der Zeit, als ich meine Notizen zu dieser Fibel begann. Das Foto spiegelt so schön die konkrete Realität des abstrakten Bildes auf der Titelseite: die abstrakte Darstellung der Geburt auf einem sizilianischen Grabmal aus dem ersten Jahrtausend v. Chr. Aus diesem Bild sind dann in meiner Phantasie zwei Blüten gewachsen: Eleonora und Tudora.

Und jetzt lernt ihr euren ersten englischen Satz kennen: „Sometimes when you wish for a miracle … you get two." – Wenn du dir manchmal ein Wunder wünschst, dann bekommst du sogar zwei!

Sind das nicht zwei Wonnebrocken in den tollen T-Shirts!

Das Prinzip der Geistigkeit und Schöpfung

„Das Allerweichste im Universum durchdringt das Allerhärteste, das Nicht-Sichtbare durchdringt das Sichtbare." – Tao-Te-King.

Es gibt ein einziges Werk in der Weltliteratur, das mit dem Kybalion vergleichbar wäre: Das Tao-Te-King, das viel bekannter, aber ebenso rätselhaft ist. *Tao* bedeutet Fluss, Prinzip und Sinn; *Te* bezieht sich auf Tugend, Güte, Charakterstärke; *King* ist ein Leitfaden, ein kanonisches Werk. So bleibt der Titel am besten unübersetzt.

Als Verfasser dieses Werkes wird der Legende nach Laotse angegeben. Er soll zur Zeit der Frühlings- und Herbstannalen im 6. Jahrhundert v. Chr. gelebt haben. Die Zeit war von Kriegen und Unruhen geprägt, aber auch eine Blütezeit der chinesischen Philosophie. Viele Gelehrte machten sich Gedanken, wie wieder Frieden und Stabilität hergestellt werden könnten. Der Legende nach war Laotse ein kaiserlicher Archivar und Bibliothekar. Es wird erzählt, dass Konfuzius ihn aufsuchte, um von ihm zu lernen.

Um den Wirren der Zeit zu entfliehen, soll Laotse sich in die Einsamkeit der Berge zurückgezogen haben. Der Grenzwächter des Bergpasses soll ihn jedoch aufgefordert haben, der Welt seine Weisheit nicht vorzuenthalten. Worauf ihm Laotse das Tao-Te-King in 81 Versen überreichte.

Berühmt ist Bertolt Brechts Gedicht von der Entstehung des Werkes:

„Als er siebzig war und war gebrechlich
Drängte es den Lehrer doch nach Ruh
Denn die Güte war im Lande wieder einmal schwächlich
Und die Bosheit nahm an Kräften wieder einmal zu
Und er gürtete die Schuh."

Es heißt dann weiter, dass Laotse von einem Grenzposten aufgehalten wurde, der ihm befahl, seine Lehre niederzuschreiben. Nach sechs Tagen war der weise Meister damit fertig. Brechts Gedicht endet mit den Worten:

„Darum sei der Zöllner auch bedankt:
Er hat sie [die Weisheit] ihm abverlangt."

Laotse ist ein Ehrentitel und heißt sinngemäß „alter Meister". Da die chinesische Sprache allgemein nicht zwischen Singular und Plural unterscheidet, könnte mit der Bezeichnung Laotse auch „die alten Meister" gemeint sein.

Das Tao-Te-King ist eine Sammlung von Spruchkapiteln; es beinhaltet eine Kosmologie, zugleich eine Anleitung für persönliche Entwicklung als auch einen politischen Leitfaden.

Von chinesischen Kommentatoren wurde das Tao-Te-King als mystische Lehre zur Erlangung von Weisheit und Unsterblichkeit aufgefasst. Das Werk gilt als der meist übersetzte Text nach der Bibel. Die erste Übersetzung in eine westliche Sprache erfolgte ins Lateinische, von einem Jesuiten, um das Jahr 1720.

Der Text ist oft sehr kryptisch und verlangt dem Studenten der Lehre viel ab. Viele Hinweise an zahlreichen Stellen weisen jedoch auf das Prinzip der Geistigkeit hin:

„Schau! – Doch es ist nicht zu sehen.
Sein Name lautet ‚unsichtbar'.
Horch! – Doch es ist nicht zu hören.
Sein Name lautet ‚unhörbar'.
Greif danach! – Doch es ist nicht zu fassen.
Sein Name lautet ‚unfassbar'."

Malereien von Laotse mit seinem Diener in den Bergen vor dem Pass, mit dem Wächter, entstanden ebenfalls in einer Zeit der Unruhe, der ersten mongolischen Herrschaft in China, der Yuan-Dynastie, 1260-1368, als sich die Gelehrten wieder in die Berge zurückgezogen hatten. Die Stimmung in allen Bildern dieser Zeit wird wohl am besten als elegisch beschrieben.

Am Ende dieser Epoche wurden in China die „Glückskekse" erfunden. Um sich von der Fremdherrschaft zu befreien, wurde ein Aufstand geplant. Wichtige Informationen wie Befreiungsstrategien und Zeitpunkte des Angriffs wurden erfolgreich in diesen Glückskeksen versteckt.

Weiters zitiert das Kybalion: „Das All ist Geist, das Universum ist geistig." – Das All, das Universum ist unendlich, und wir Menschen sind nur ein Teil davon; deshalb ist unsere Wahrnehmung auch begrenzt. Ein Teil kann niemals das Ganze verstehen.

„Meine Lieben, stellt euch vor, ihr seid zwei kleine Mäuse und ihr kennt eure Mäusewelt sehr gut. Ihr wisst nichts von dem Dorf, der Stadt, der Kathedrale, geschweige denn, dass es viele Länder und Kontinente gibt. Und wenn jetzt ein Mäuse-Guru behaupten würde, dass es Straßen und Häuser gäbe, die von Riesen bewohnt würden: Was würdet ihr als Mini-Mäuse davon halten?"

Wir Menschen wissen, dass wir auf dem blauen Planeten Erde leben – blau, weil Wasser die größte Oberfläche darstellt. Wir wissen auch, dass es noch viele andere Planeten und Sonnensysteme gibt. Vor nicht allzu langer Zeit, etwa vor 600 Jahren, glaubten die Menschen noch, die Erde sei eine Scheibe. Für den Gedanken, dass die Erde eine Kugel ist und sich um die Sonne dreht, wurde man als Ketzer verbrannt. Und so erging es Galileo Galilei, der seine Entdeckung widerrufen musste, um nicht auf dem Scheiterhaufen zu landen.

Doch noch auf dem Totenbett rief er: „Epur si muove!" – Ja, sie –[die Erde] – bewegt sich doch! – Jetzt habt ihr euren ersten italienischen Satz gelesen. Und ich hoffe, dass ihr diese Geisteshaltung nie vergesst, und dass ihr das Italienische in euren Sprachschatz aufnehmt.

Alles, was existiert, ist von einem intelligenten Geist durchdrungen. Somit erklärt sich auch, dass alles miteinander verbunden ist: Da alles innerhalb des Universums existiert, ist alles Eins, obwohl es sich in großer Vielfalt ausdrücken kann. Alles beeinflusst sich gegenseitig, auch wenn wir diese Einflüsse nicht bewusst wahrnehmen.

Hermes Trismegistos erklärt das Universum so: „Sagte ich nicht, alles sei eine Einheit und dies Eine sei alle Dinge, da doch alles im Schöpfer war, ehe es geschaffen wurde? [...] Von den Gestirnen des Himmels [...] ergießt sich ein ununterbrochener Strom des Lebens durch die Welt, durch die Seelen aller Wesen und die Natur."

Heute wählen wir andere Begriffe für den Geist; man spricht von Energie oder Ursubstanz. Unter „geistig" verstehen wir das Nichtsichtbare – oft auch unsere Gedanken. Doch dies reicht nicht aus. Das erste hermetische Prinzip lautet: Alles ist Geist! Demzufolge ist auch Materie ursprünglich Geist.

So wie das Wasser als Luftfeuchtigkeit existiert und uns umgibt, fließen Gedanken um uns herum. Bringen wir sie auf eine niedrige Schwingung, machen wir sie auf der materiellen Ebene sichtbar. Das Kybalion sagt es folgendermaßen: „Geist kann verwandelt werden, von Zustand zu Zustand, von Grad zu Grad, von Pol zu Pol, von Schwingung zu Schwingung."

Der Talmud sagt in einem Zitat: „Achte auf deine Gedanken, denn sie werden zu deinen Worten, achte auf deine Worte, denn sie werden zu deinen Taten, achte auf deine Taten, denn sie werden zu deinen Gewohnheiten, achte auf deine Gewohnheiten, denn sie werden zu deinem Schicksal." Schon Albert Einstein sagte, dass die einzigen wirklichen Feinde des Menschen seine negativen Gedanken sind. Und noch viel früher, im 13. Jahrhundert, riet der Sufi-Mystiker und Dichter Rumi: „Schütze dich vor deinen eigenen Gedanken."

So will ich euch ein paar Beispiele für positive Gedankengänge geben, die ihr erweitern könnt:

- Wir sind Glückskinder!
- Das Leben ist ein großes Wunder.
- Wir können alles erreichen, wenn wir es nur wirklich wollen.

Das erste hermetische Prinzip führt auch zu Gedanken über Verbundenheit. Und das beginnt bei euch selbst. Das bedeutet, sich zu spüren, in der eigenen Mitte zu sein, glücklich zu sein. Dazu gehört auch, zu fühlen, was gut und richtig ist. Wenn euch jemand einen Ratschlag gibt, kann das gut oder schlecht sein. Was es tatsächlich ist, könnt ihr nur erfahren, wenn ihr mit euch selbst verbunden seid. Du liegst immer dann richtig, wenn du weißt, was du willst, was du fühlst und denkst.

Wenn du verunsichert bist und im Außen nach Antworten suchst, wirst du nie die richtigen finden. Darum höre auf deine innere Stimme und sei ehrlich zu dir selbst. Mache dir nichts vor, sonst verlierst du den Zugang zu deiner Mitte und du bist nicht mehr authentisch. So sagt ein chinesisches Sprichwort: „Der Weise sucht, was in ihm selbst ist, der Tor, was außerhalb von ihm ist."

Verbundenheit zeigt sich auf ganz unterschiedliche Weise. Man hat Wasser von unterschiedlicher Qualität eingefroren und die Wasserkristalle fotografiert. Dabei wurde herausgefunden, dass lebendiges Wasser sechseckige Kristalle bildet, bei brackigem Wasser ist die Form unvollständig ausgebildet und ausgefranst.

Der menschliche Körper besteht zu circa 70 Prozent aus Wasser; unsere Erdoberfläche ist ebenso mit 70 Prozent Wasser bedeckt. Wasser trägt die Information in sich, die wir ihm zutragen. Unsere Gedanken haben Einfluss, Lebendigkeit und Qualität. Das, was wir denken, wird in unserem Körper verteilt und gespeichert. Es gibt diese unsichtbare Verbindung zwischen Wasser und uns selbst.

Eine alte und berühmte Geschichte berichtet, dass ein weiser Meister seinen Schülern eine Frage stellte: „Wie bestimmt man die Stunde, in der die Nacht endet und der Tag beginnt?" Der erste Schüler meinte: „Vielleicht in dem Moment, in dem man einen Hund von einem Schaf unterscheiden kann." Der Meister schüttelte den Kopf. „Oder vielleicht dann, wenn man von Weitem einen Dattelbaum von einem Feigenbaum unterscheiden kann", schlug ein anderer Schüler vor.

Jetzt beantwortete der Meister seine Frage selbst: „Es ist dann, wenn ihr in das Gesicht eines beliebigen Menschen schaut und darin eure Schwester oder euren Bruder erkennt. Bis dahin ist die Nacht noch bei euch." Die Einheit des Universums drückt sich in der Vielfalt aus. So gibt es verschiedenste Erscheinungsformen des Geistes. Unsere sinnliche Welt ist dabei eine Ausdrucksform. Dieser geht aber immer ein geistiger Vorgang voraus. Erst muss ein Gedanke gedacht worden sein, ehe er in der stofflichen Welt durch Worte und Handlung erscheint.

Die Gesetzmäßigkeit entscheidet nicht, ob der Gedanke bewusst oder unbewusst gedacht, ob er eigenständig erzeugt oder übernommen wurde. Der Gedanke wirkt je nach Überzeugung und Intensität. Deshalb ist das Sprichwort „Gedanken sind zollfrei" absurd.

„Was du heute denkst, wirst du morgen tun", ist ein besserer und richtiger Spruch. Deshalb hütet eure Gedankengänge vor Verschmutzung. Gedanken, Worte und dann Handlung sind eine logische Kausalkette. Geist und Materie stellen Polaritäten dar. Der reine Geist hat die höchste Schwingung, kann sich bis in die Unendlichkeit ausdehnen und spontan verändern. Materie hingegen ist fest und in der Form unveränderlich. Materie hat die niedrigste Schwingung und ist immer das Resultat eines geistigen Prozesses. Auch kann Materie nicht schöpferisch sein, das kann nur der Gedanke. Somit steht der Gedanke immer über der Materie.

Die Kunst hat schon seit der Steinzeit wichtigen Gedankengängen und Überzeugungen Ausdruck und Form gegeben. So ist der Steinkreis Stonehenge aus der Jungsteinzeit – vor etwa 4000 Jahren errichtet – sowohl Ausdruck der Schöpfungs- und Geisteskraft dieser Menschen als auch ein Rätsel, das nie ganz geklärt werden kann. Es ist die größte Megalithanlage in Europa, gebaut noch vor der Erfindung der Schrift – und vor allem, noch vor der Erfindung des Rades. Megalith bedeutet großer Stein und hat einer ganzen Epoche den Namen gegeben: Megalithkultur.

Woher kamen diese riesengroßen Steinblöcke? Spuren weisen nach Wales. Dieser Ort ist immerhin mehr als 200 Kilometer entfernt. Geist steht über Materie. Es wurden wilde Theorien aufgestellt – Gletscher oder ein Fluss als Transportmittel angenommen – und wieder verworfen.

Heute nimmt man die Wackel-Technik, verbunden mit Seilen an, so wie Möbelpacker überdimensionale Gegenstände über einen imaginären Drehpunkt fortbewegen. Bei diesen Distanzen eine bemerkenswerte Leistung, noch dazu aus einem fremden Stammesgebiet. Bis heute konnte nicht geklärt werden, ob die großen Steinblöcke ursprünglich Kriegsbeute oder ein freiwilliger Beitrag waren.

Welche Funktion hatte diese Kultstätte? Der Legende nach soll der Zauberer Merlin der Bauherr gewesen sein. Sicher ist, dass dieses Monument dem Sonnenkult geweiht war und eine genaue Ausrichtung auf den Sonnenstand hatte, die Tag- und Nachtgleiche, Equinox.

Stonehenge war auch ein Observatorium, eine Art Kalender für Aussaat und Ernte. Viele Grabstätten in unmittelbarer Umgebung weisen ebenso auf Toten- und Ahnenkult verschiedener Stämme hin, einschließlich von Grabanlagen für Verstorbene aus Wales. Wobei bei den ältesten Skeletten oft Verwundungen durch Pfeilspitzen gefunden wurden.

So war Stonehenge auch ein Monument, um frühere Feinde in Frieden zu vereinen und um über Stammesgrenzen hinweg gemeinsam etwas Einmaliges zu schaffen, das auf die schöpferische Kraft des Menschen hinweist, unabhängig von der Entwicklung der Technik. Nach neuesten Forschungsergebnissen könnte Stonehenge auch Teil eines noch viel größeren Systems von Kultplätzen und Prozessionswegen gewesen sein: Ein Monument für Schöpfung, Transzendenz und Kraft des Geistes der Menschen in der Jungsteinzeit, das ein neues Licht auf diese Epoche wirft.

Das Prinzip der Resonanz und der Entsprechung

„Wie oben, so unten, wie unten, so oben. Wie innen, so außen und wie im Großen, so im Kleinen." – Kybalion.

Das zweite hermetische Prinzip besagt, dass alles, was wir erleben, eine Entsprechung zu uns hat. Alles, was uns begegnet, zeigt, was wir sind: Was wir denken, fühlen, woran wir glauben. Und somit ist der andere Mensch ein Teil des Gleichen wie wir selbst. Tue ich mir etwas Gutes, tue ich auch ihm etwas Gutes. Jeder Mensch, der mir begegnet, drückt nur aus, was in mir zu finden ist.

Diese Verbundenheit mit anderen Menschen hat viele positive Aspekte. Wir fühlen uns nicht mehr allein, wir sind stärker. Wir können Zusammenhänge besser erkennen. Verbundenheit führt zu einer weiteren geistigen Entwicklung; sie fördert neue Ideen. Zusammenhalt und Verbundenheit machen glücklich.

Der Ursprung des Zitats „Wie oben, so unten", findet sich auch in der Astrologie. Das Oben der Konstellation der Sterne findet seine Entsprechung im Unten auf dem Planeten Erde. Das Oben kann auch als hohe Schwingung gedeutet werden, so wie das Unten niedrige Schwingung anzeigt. Gedanken haben eine hohe, Materie eine niedrige Schwingung. Daraus folgt, dass das, was ich denke, sich auf der materiellen Ebene wiederfindet.

Entsprechungen finden sich in allem, was existiert. Die Astrologie kann aus dem Stand der Sterne die Zeitqualität erkennen, in der sich ein Mensch befindet. Planeten können aber auch kollektive Auswirkungen haben. So gehören Neptun, Mitte des 19. Jahrhunderts entdeckt, und Pluto, 1930 erkannt, zu den transsaturnalen Planeten, weil sie jenseits der Einflussmöglichkeit des Individuums liegen und Menschen mit kollektivem Karma konfrontieren. Mit der Entdeckung des Neptuns – der Planet, der für Sensibilität, Gefühle, Sucht und Täuschung steht – beginnt eine Welle des Spiritismus in der westlichen Welt. Mit Entdeckung von Pluto, dem Planeten des „Stirb und Werde", beginnen sich totalitäre Systeme zu etablieren.

Die Naturheilkunde weiß, welche Pflanze welche Krankheit heilt. Die Psychologie kann erkennen, welche Aussagen hinter bestimmten Gesten, Mimik und Körperhaltung stehen. Es gibt immer einen Zusammenhang zwischen Körper, Seele und Geist.

Je mehr Energie in einen Gedanken fließt, desto mehr Kraft hat dieser. Jeder Gedanke trägt eine bestimmte Information, die er aussendet. Diese Schwingung erzeugt ein Resonanzfeld: Man kann in einer äußeren Situation erkennen, was ein Mensch in sich trägt, was seine Entsprechung ist.

Niemand erlebt etwas, das er vorher nicht gefühlt und gedacht hat. Jeder Gedanke sendet seine Information über eine entsprechende Schwingung aus. Diese trifft in der Welt auf Personen oder Situationen, die auf derselben Wellenlänge schwingen. Wir sehen immer nur das, was wir in uns tragen. Das, womit wir uns gegenwärtig beschäftigen, begegnet uns immer wieder in der Außenwelt.

Resonanz kann sich vielfach ausdrücken – so natürlich auch in der Entsprechung von Farben. Wir leben in einer Welt von Schwingungen, die alle Informationen aussenden, die wir oft nicht erkennen. Das Unbewusste nimmt diese Schwingungen auf und sendet Impulse aus den gewonnenen Informationen. Wenn wir diese Informationen bewusst aufnehmen, können wir daraus Strategien entwickeln, die im Alltag hilfreich sein könnten.

Fast alle Menschen fühlen sich zu einer bestimmten Farbe hingezogen. Es kann sein, dass dies für ein ganzes Leben stimmig ist oder sich mit einem bestimmten Rhythmus der Entwicklung ändert. So lieben viele kleine Mädchen die Farbe „Rosa". Ihr habt euch noch nicht entschieden. Aber ich wette, dass euch dieser Farbton auch gefallen wird. Farben vermitteln Gefühle. Wir kleiden uns in Farben, wir wohnen in Farben, wir wählen – vor allem weibliche Wesen – auch unsere Fortbewegungsmittel – Auto, Roller, Fahrrad oder Dreirad – oft nach Farben aus.

Es kann sein, dass eine bestimmte Farbqualität gerade in einer bestimmten Situation benötigt wird. So hat eure Mutter bei eurer Taufe ein rotes Kleid getragen, euren Kinderwagen in Dunkelrot ausgeschlagen und um eure Füßchen ein leuchtend rotes Band befestigt.

Die Farbe Rot kann aber auch nachhaltig in die Garderobe eingebaut sein – als Schal, Kopfbedeckung, Handschuhe oder Socken. Die unterstützenden Aspekte dieses Farbtons sind Aktivität, Ausdauer, Großzügigkeit und physische Liebe. Der Einsatz von Rot hilft, sich mit Energie aufzuladen. Rote Kleidung zeigt ein selbstbewusstes Auftreten, Initiative und Kraft. Selbst rote Nahrung wie Erdbeeren, Tomaten, rote Paprika und Chili entsprechen denselben Eigenschaften.

Der Farbton Rot ist dem Wurzel-Chakra, dem untersten Energiezentrum des Menschen, seinem Fundament und seiner Basis zugeordnet. Nach der Farbskala der Chakren folgt dem Rot das Orange, das Sakral-Chakra.

Orange steht für Begeisterung, Kreativität und Selbstvertrauen. Die Anwendungsmöglichkeiten sind sowohl in Wohnräumen – es schafft eine Wohlfühlatmosphäre – und in der Kleidung förderlich. Diese Farbe unterstützt den Verteilungsprozess wie Verdauung, Kreislauf und wirkt positiv auf Haare, Zähne und Knochen. Orangefarbige Nahrungsmittel – Kürbisse, Orangen, Mandarinen, Karotten – unterstützen die Begeisterungsfähigkeit.

Die Farben Gelb und Gold entsprechen dem Nabel-Chakra und stehen für Freude, Inspiration und Weisheit. So tragen viele Mönchsorden des Orients gelbfarbige Roben. Räume mit gelbtoniger Farbe gestaltet lassen mehr Licht und Heiterkeit aufkommen. Sonnenbäder helfen, sich mit der positiven Wirkung von Gelb aufzuladen. Um das Gemüt aufzuhellen, sollte man gelbe Säfte zu sich nehmen, wie von Zitronen oder Grapefruits.

Die Farbe Grün entspricht dem Herz-Chakra und unterstützt Wachstum, Heilung und Gerechtigkeitssinn. Ein Spaziergang durch Wald und Wiese wird zu innerer Ruhe führen. Raumgestaltung in Grün schafft Harmonie. Grüne Zimmerpflanzen repräsentieren Wachstum. Grün entspannt und kann den Blutdruck senken. Grüner Tee und grüne Nahrung, wie Salat, Gurken, Kiwi unterstützen den positiven Aspekt der Farbe. Die Farbe Grün wird auch für Sportbekleidung empfohlen, obwohl grüne Textilien in Form von Kleidern oft zu Ladenhütern werden.

Türkis ist eine Mischfarbe und entspricht keinem der klassischen Chakren. Sie steht auf der Farbskala zwischen Herz- und Hals- Chakra und wird oft für Uniformen von Flugbegleiterinnen verwendet, weil diese Farbe vielen Menschen gut steht. Dieser Farbton unterstützt Transformation und Erfolg. So kann man Türkis gut in Wandlungsprozessen einsetzen. Wer Veränderung wünscht, umgibt sich am besten mit Türkis. Werbung in Türkis ist Erfolg versprechend. Diese Farbe dient auch, um Lösungen zu erkennen. Doch die Farbe allein kann kein politisches Programm ersetzen, wie das traurige Beispiel in Österreich vor kurzer Zeit drastisch zeigte, als eine türkise Regierung riesige Steuerverschwendungen nicht legal erklären konnte.

Die Farbe Blau entspricht dem Hals-Chakra und steht für Kommunikation, Klarheit und Vertrauen. Ein Blick in den wolkenfreien Himmel kann die Schwingung des Vertrauens stärken. Ein blaues Halstuch kann Husten, Heiserkeit und Halsschmerzen lindern. Auch bei hohem Blutdruck ist Blau hilfreich. Blaue Kleidung bei Vorträgen fördert die Kommunikation. Blau kühlt und ist deshalb bei Verbrennungen, Fieber und Sonnenbrand nützlich.

Die Farbe Violett entspricht dem Dritten Auge an der Nasenwurzel und steht für Kreativität und Visionen. Violette Raumgestaltung fördert Spiritualität, um Dankbarkeit und Demut zu empfinden. Violett hilft bei Ideenlosigkeit; es ist die Farbe, die mit dem Gehirn in Verbindung steht und bei Gehirnerschütterungen und Erkrankungen des Nervensystems hilft.

Die Farben Rosa und Magenta entsprechen dem Kronen-Chakra oberhalb des Kopfes und stehen für Liebe und Hingabe; sie können jedoch auch zu Isolation führen und zur Aufgabe eigener Bedürfnisse. Eine rosa gefärbte Brillenfassung hilft, all das Gute im Leben zu sehen. Kleidung in dieser Farbe entspricht dem Bedürfnis nach Schutz. Magenta hingegen hilft bei

Gedächtnisverlust. Außerdem ist dieser Farbton hilfreich, wenn man Aggressionen und Gewalt ausgesetzt ist.

Braun ist wieder eine Mischfarbe, die man aus allen Farben gewinnen kann, deshalb bestimmt das Mischverhältnis, wo Braun einsetzbar ist. Es ist eine Farbe der Bodenständigkeit, kann aber auch Stillstand bedeuten. Braune Roben sind oft die Farbe westlicher Mönche. Diese Farbe soll helfen, standhaft zu sein, und unterstützt Stabilität im Wachstum.

Schwarz ist physikalisch gesehen eine Nicht-Farbe; ein schwarzer Gegenstand strahlt weder aus, noch reflektiert er. In Kombination mit anderen Farben kann Schwarz dazu beitragen, andere Farben in ihrer Wirkung zu unterstützen. Deshalb sagt man auch, es gäbe drei Modefarben: Black, Noir und Schwarz. Im Westen ist Schwarz die Farbe der Trauer und der Isolation, im Orient ist dies Weiß.

Weiß ist die Farbe der Einheit, denn in diesem Farbton sind alle Farben enthalten. Diese Farbe steht für Vollkommenheit, Reinheit und Offenheit. Es ist die bevorzugte Farbe für Brautkleider. Doch als meine zukünftige Schwiegermutter in weißer Garderobe bei dem Festakt erschien, hat mich diese Farbwahl doch etwas verblüfft. Meine Mutter trug Violett und Lila und ich hatte ein Brautkleid von Dior in Rosa-Magenta, das ich noch heute besitze, hüte und liebe.

Es kann auch sein, dass wir genau das erleben, was wir absolut nicht wollen. Wir haben unsere Aufmerksamkeit dorthin gerichtet. Und Energie folgt der Aufmerksamkeit. Bis die Ursachen, die wir setzen, zur Wirkung kommen, kann aber auch viel Zeit verstreichen. Es kann sein, dass wir heute die Wirkung aus früheren Verhaltensweisen ernten. So kann ein „unehelicher Vater" die Rechnung für sein narzisstisches Verhalten seitens seiner Kinder viele Zeit später – durch Ablehnung – erfahren. Das Leben zeigt sich in einer Vielfalt symbolischer Entsprechungen.

Wer aufmerksam durch das Leben geht, kann sich vieles selbst erschließen. Passiert etwas Unerwartetes, dann seid aufmerksam und untersucht die Hintergründe. Fragt euch, worum es eigentlich geht. Dann könnt ihr das Übergeordnete erfassen und erkennen und entsprechend handeln.

Wenn man die Frage stellt, worum es bei einem Bild eigentlich geht, kann man immer die richtige Antwort finden, wenn man die übergeordnete Stufe, die Meta-Ebene sucht. Das Bild der blauen Zwillings-Türme zeigt sowohl die Resonanz zu einander als auch zu dem goldenen Ei in der Mitte, der Mutter. So stellt sich die trianguläre Beziehung dreier Menschen am Anfang des Lebensweges von euch Zwillingen dar. Während das goldene Ei eine geschlossene Einheit darstellt, sind die Türme in ihrer Struktur noch offen und zeigen mehr das Potential als die Realität. Diese wird sich erst in der Zukunft realisieren, und meine besten Wünsche begleiten euch.

Das Prinzip der Schwingung

„Nichts ist in Ruhe, alles bewegt sich, alles ist in Schwingung." – Kybalion.

Das gesamte Universum ist so aufgebaut, im Großen wie im Kleinen. Die Planeten kreisen um die Sonne; und die kleinsten Teilchen, Ionen und Elektronen, drehen sich um einander. Geist und Materie stehen sich als Polaritäten gegenüber. Die langsame Schwingung der Materie ist leicht wahrnehmbar; dreht sich ein Rad langsam, so sieht man die Speichen. Erhöht sich die Geschwindigkeit, werden die Speichen unsichtbar. Alles ist von Schwingungen durchdrungen; somit ist alles miteinander verbunden und kann in Resonanz treten.

Schwingungen zeigen sich vielfältig und drücken sich in Mustern aus. Wir Menschen senden entsprechend unserer Gedanken und Gefühle Schwingungen aus; diese treffen in der Welt ihre Entsprechung. Dann sind wir auf einer Wellenlänge mit anderen Menschen, ihren Ideen oder Situationen. Andererseits kann es zu einer Katastrophe führen, wenn sich Menschen zur falschen Zeit an einem falschen Ort befinden.

Wir empfangen nur Informationen, die uns entsprechen. So hören manche Menschen nur das, was sie hören wollen, unabhängig von Realität und gesundem Menschenverstand. Wir erleben nur diese Schwingungen bewusst, mit denen wir in Resonanz stehen. Sind wir frisch verliebt – das wird euch noch oft passieren – dann seht ihr alles um euch herum durch eine rosarote Brille. Geht etwas daneben, oder kränkt euch etwas oder eine Person, dann ist die ganze Welt grau und dunkel.

Über die Wahrnehmung der Schwingung lassen sich mehr Informationen erfassen, als über das gesprochene Wort. Wenn ihr euch dafür interessiert und schult, dann bekommt ihr viel mehr mit als jene Menschen, die nur auf Worte hören, die erst interpretiert werden müssen. Schwingungen wollen nichts erklären, sie senden Informationen auf direktem Weg. Alles, was existiert, strahlt unsichtbare Schwingungen aus. Gelingt es bewusst mit den empfangenen Informationen umzugehen, kann man in vielfältiger Weise davon profitieren. Geht es euch einmal nicht so gut – ihr seid in einem depressiven Zustand –, könnt ihr eure Schwingung verändern und euch bewusst in eine höhere Schwingung katapultieren. Trübe Stimmungen tun niemanden gut. Es gibt viele Möglichkeiten, Miese-Peter Launen zu verändern.

Jetzt mache ich euch hierzu einige Vorschläge. So könnt ihr in die Natur gehen und Sonnenstrahlen einfangen, in einen Park – oder noch besser – in einen Wald und dort einen Baum umarmen, um gute Energie aufzutanken. Ein anderer Vorschlag wäre, klassische Musik zu hören. Ich liebe die Goldberg-Variationen von Bach. Nicht so anspruchsvoll, aber genauso wirksam kann ein Schaumbad mit Duftöl sein – oder Sport betreiben, tanzen, Yoga, Pilates, Antara, etc. Mit guten und aufrichtigen Freunden zu sprechen, kann auch sehr hilfreich sein, ebenso wie etwas Unerwartetes zu tun, z. B. Sanskrit-Buchstaben nachzumalen. Dies schafft ganz neue Bahnen für die grauen Zellen und lässt keinen Freiraum für graue Gedanken.

Und da gibt es noch vieles mehr. Ihr müsst selbst herausfinden, was bei euch am besten funktioniert, um fröhlich, in guter Stimmung, ruhig und gefasst zu bleiben. Unruhe schafft Angst und Angst schafft Aggression. Dies ist nie eine gute Basis für Gedanken, Worte und Handlungen.

Über Schwingungen sind wir mit allem verbunden; Entfernung spielt keine Rolle. Dies werdet ihr als Zwillinge in eurer gegenseitigen Beziehung besonders gut und oft erfahren. Schwingungen übertragen Informationen ohne Worte auf direktem Weg. Denken wir an eine bestimmte Person, sind wir augenblicklich mit ihr verbunden. Es ist oft vorgekommen, dass ein Freund oder eine Freundin angerufen hat, als wir gerade an ihn oder sie gedacht haben.

Wenn sich zwei Menschen auf einer Wellenlänge befinden, ist es oft schwierig festzustellen, wer von den beiden den Impuls gesetzt hat. Manchmal wünscht man sich etwas ganz Verrücktes und dann bekommt man es von einer ganz unerwarteten Seite geschenkt.

Schwingungen lassen sich leichter verändern als Materie, weil diese auf keiner stofflichen Ebene wirken. Will ein Bildhauer eine Skulptur schaffen, so kostet es ihn neben Phantasie, Talent und handwerklicher Fertigkeit auch einige Schweißtropfen. Wollen wir eine Empfindung der Trauer und Mutlosigkeit verändern, können wir dies mit einem Entschluss erreichen. Ist uns unser Verhalten bewusst, können wir uns entscheiden, über unseren Ärger zu lächeln – oder einen ganzen Tag grantig zu sein.

Wir können den Blickwinkel auf eine bestimmte Situation ändern und auch dort etwas Interessantes erkennen. Vielleicht war die hämische Kritik doch nicht ganz so unrichtig und ungerecht. (Außerdem kann man sich mit einem Gedanken von Bruce Lee, einem berühmten Kampfsportler, trösten, der meinte, bei Kritik müsste man doch etwas richtig gemacht haben, denn man greift nur denjenigen an, der den Ball hat.)

Vielleicht hätten wir eine Aufgabe oder ein Projekt doch sorgfältiger ausführen sollen, zusätzliche Informationen einholen, andere Expertisen zuziehen, etc. Und nur wenn wir denselben Fehler wiederholen, begehen wir einen schweren zweiten.

Schwingungen sind auch leicht und schnell übertragbar. In einer Gruppe schlecht gelaunter und depressiver Menschen ist es schwierig, Freude aufkommen zu lassen. Negative Gedanken der Missgunst, des Neids, der Unverschämtheit, etc. beeinflussen jedes positive Umfeld. Und gegen Dummheit kämpfen Götter selbst vergebens. Darum vermeidet, in so eine Atmosphäre hineinzugeraten, und wenn es einmal passiert ist, dann stellt sofort einen großen und absoluten Abstand her. Meidet negative Menschen, die für jede Lösung ein Problem bereit haben.

Erinnert euch daran: Wir sind nie machtlos. Wir müssen nur bewusst erkennen, welchen Schwingungen wir ausgesetzt sind und welche Schwingungen wir erleben wollen. Wir sind nicht nur Empfänger von Schwingungen, sondern auch Sender.

Der Buddhismus hat eine wirkungsvolle Strategie entwickelt, um negativen Gefühlen entgegenzuwirken: „Denke an das Gegenteil!" Wenn Hass und Wut aufkommen, dann denke an Liebe und Akzeptanz, bei Lüge an Ehrlichkeit, bei Faulheit an Ehrgeiz und Schaffensfreude. Wir allein entscheiden, mit welcher Frequenz wir uns verbinden wollen.

Schwingungen spielen auch eine wichtige Rolle bei Zielsetzungen. Sowohl bei kurz- und mittelfristigen als auch bei Lebenszielen wie Beruf und Familie. Es kommt nicht nur auf die richtige Formulierung an, sondern dazu auch die richtige Schwingung aufzubauen.

Man sollte sich so fühlen, als ob man das Ziel bereits erreicht hätte. Schwingt man Unsicherheit aus, kann das Ziel vielleicht erreicht werden, aber es ist eben unsicher. Die Zielschwingung darf zur Alltagsschwingung nicht im Widerspruch stehen.

Ein besonders gutes Beispiel ist die Vorstellung von Reichtum. Bei dem unbeschränkten Angebot von Waren und Dienstleistungen in der westlichen Welt sollten Gedanken nicht darum kreisen – „Das kann ich mir nicht leisten" –, sondern: „Diesen Krempel brauche ich nicht." Wir sollten uns auf das Wesentliche konzentrieren und viele nutzlose Dinge einfach weglassen und mehr Freiraum für Kreativität, Freude und Glück schaffen.

Beim Schreiben dieses Manuskripts stelle ich mir bereits ein gedrucktes Buch vor. Im Hintergrund ist mir wohl bewusst, wie viele Hindernisse auf dem Parkcourt von den ersten Notizen bis zur Buchpräsentation noch zu überwinden sind. Es hat immer wieder unerwartet Überraschungen gegeben! Diese Erinnerungen lassen mich nicht daran zweifeln – immerhin habe ich bereits sieben Bücher veröffentlicht –, auch dieses Projekt bereits in der Auslage einer Buchhandlung zu sehen. Und wen schert es, wenn es nicht passiert. Die Freude am Schreiben kann mir niemand mehr nehmen.

Wir Menschen sind in ein bestimmtes Schwingungsfeld hineingeboren. Oft mit viel Potential ausgestattet, sind die Erfahrungen, die wir machen, zum Teil schon vorgegeben. Jede Thematik hat zwei Pole, zwischen denen wir uns bewegen. Zwischen Anerkennung und Ablehnung gibt es viele Varianten. Werden wir in ein negatives Schwingungsfeld hineingeboren, erfahren wir diese Schwingung in Gedanken, Worten und Handlungen. Man wird permanent darauf hingewiesen, was man falsch gemacht hat, auch über andere Menschen wird nur gelästert. Jeder wird es schwer haben, in so einem Umfeld einen guten Selbstwert aufzubauen und eine Sichtweise zu entwickeln, die zeigt, wie großartig das Leben sein kann.

Nichts ist unmöglich, denn die polaren Schwingungen gehören zusammen. Diese Wechselwirkung wird sich immer wieder zeigen. So ist es möglich, positive Werte und Einsichten zu entwickeln und bewusst einzusetzen. Unzufriedenheit ist der erste Schritt zu Veränderung und Erfolg.

Ein Großteil der Menschheit nutzt ihr Potential und ihre Möglichkeiten nicht. Sie lassen sich auf den vorhandenen Schwingungen treiben und versuchen gar nicht, etwas zu ändern. Dabei ist doch alles, was man in Gedanken fassen kann, möglich zu erleben. Wir können jede erdenkliche Schwingung aufbauen und dann befinden wir uns in dem entsprechenden Resonanzfeld. Damit schaffen wir neue Situationen und einen ganz anderen Lebensstil.

Man muss sich nicht einer negativen Masse des Mangels und der Machtlosigkeit anpassen. Jeder, der die geistigen Gesetze kennt, kann sie sofort anwenden und ein selbstbestimmtes Leben beginnen. Am besten konzentriert man sich auf das, was einen glücklich macht. Es müssen nicht viele Dinge sein, aber die richtigen. Wer die Schwingung des Glücks bei sich aufbaut, der wird immer wieder auf Menschen dieser Frequenz treffen und das Feld der Glücks- Schwingung weiter ausbauen.

Lasst euch von niemandem etwas vormachen oder vorschreiben, was ihr sollt und braucht. Entscheidet selbst, was gut für euch ist. Umso wichtiger ist es, immer wieder sich selbst zu spüren. „Always listen to your heart. It is left, but it is always right." – Höre immer auf dein Herz, das links sitzt, aber immer recht hat. Ein chinesischer Spruch sagt, der Weise sucht, was in ihm selbst ist, der Tor, was außerhalb von ihm ist.

Der Weg nach innen ist das Gebot der Stunde. Die Möglichkeit, seine eigene Realität zu gestalten, wird so selten genutzt. Und doch besteht das Potential für eine neue, gesunde und kreative Lebensweise.

Epochen extremer Schwingungen können positive und negative Aspekte gleichzeitig schaffen. Als ein Borgia zu Papst Alexander VI. gekrönt wurde – in dem Jahr, als Columbus Amerika entdeckte, 1492 –, da begann es in Rom chaotisch zuzugehen. Zehn Prozent der Einwohner bestanden aus Edel- Prostituierten – aus allen Ländern Europas herbeigeeilt. Diese Damen brachten dem Heiligen Stuhl hohe Steuerabgaben ein. Ein Jahresentgelt übertraf oft das Einkommen eines Handwerkers während seines gesamten Lebens. Wurde Rom einst „caput mundi" genannt, so wurde es jetzt zu „cauda mundi" umgetauft – vom Kopf der Welt zu ihrem Schwanz.

In Italien wurde während dieser Renaissance-Epoche permanent Krieg geführt, oft von den Söhnen des Papstes angeführt. Die Franzosen überzogen das ganze Land mit Krieg – der Kirchenstaat hatte seine größte Ausdehnung erreicht –; das gefiel dem König der Franzosen nicht. Dann brach in Neapel die erste große Seuche aus: Syphilis. Diese Pandemie breitete sich in ganz Europa aus und hat auch den König von Frankreich heimgesucht.

Doch hat diese Epoche der Renaissance in Italien einen Leonardo da Vinci und einen Michelangelo hervorgebracht. In der friedlichen und ehrbaren Schweiz erfand man in dieser Zeit nur die Kuckucksuhr.

Zeit und Raum spielen nur auf der materiellen Ebene eine Rolle. Da alles auf der geistigen Ebene entsteht, können Schwingungen jederzeit verändert werden. Die Kernaussage, die einen pragmatischen Umgang mit Schwingungen ermöglicht, ist die schnelle Wandlungsmöglichkeit. Das Wissen, dass sich alles in Bewegung befindet, lässt erkennen, dass man Einfluss nehmen kann. Damit übernehmen wir die Verantwortung für uns selbst.

Der Phönix, der aus der Asche aufsteigt, ist wohl die eindrucksvollste Darstellung für das Prinzip der Schwingung. Eine besondere Skulptur dieses Vogels steht in einem buddhistischen

Tempel in Kyoto, Japan, und ist fast 1000 Jahre alt. Dieses Fabeltier hat vier Flügel, zwei Paare. Jede Feder schwingt noch in der Entschleunigung, als der Phönix aus der Anderswelt im Diesseits auftaucht und zeigt, dass das Unmögliche möglich ist.

Die mystische Gestalt des Phoenix – der Wiedergeborene – ist ein mystischer Vogel, der sich am Ende eines Lebenszyklus in das Feuer wirft, mit dem Ziel, aus seiner eigenen Asche wieder neu zu entstehen. In vielen Kulturen ist Licht ein Symbol für Leben, und somit ist das Bild des Phoenix weltweit omnipräsent. Aus seiner Asche wird ein neuer Phoenix geboren und damit auch eine neue Welt, eine neue Menschheit, voller Hoffnung auf eine bessere, verantwortungsvollere Zukunft. Dies ist wohl eine magische Schwingung, die eine höhere Dimension erreicht.

Das Prinzip der Polarität

„Alles ist zweifach, alles hat sein Paar von Gegensätzlichkeiten; gleich und ungleich ist dasselbe; Gegensätze sind identisch in der Natur; nur verschieden im Grad; Extreme berühren sich; alle Wahrheiten sind nur Halb-Wahrheiten; alle Widersprüche können miteinander in Einklang gebracht werden." — Kybalion.

Wir leben in einem Universum, in dem das Gesetz der Polarität herrscht. Es dient euch, um das große Ganze in seiner Wirkung zu verstehen. Das Prinzip der Polarität kann man schnell und oft pragmatisch einsetzen. Wir leben in einer Welt der Dualität; zu jedem Pol lässt sich leicht das Gegenteil finden. Doch beide Pole gehören zu einem gemeinsamen Thema.

Um sich das Prinzip der Polarität nutzbar zu machen, sollte man jeweils beide Pole sowie den Bezugspunkt einbeziehen. Die Bestimmung der Thematik ist wichtig, um das Gegenteil eines Pols zu finden. Man kann sich zwischen den Polen hin und her bewegen, so wie man die Temperatur eines Heizsystems regelt. Wenn man definieren kann, wo man sich auf der Skala befindet, kann man sich graduell dem Pol nähern, der erstrebenswert ist. Es kann hilfreich sein, die Mitte zwischen den Polen zu bestimmen.

Befindet ihr euch in einer zwischenmenschlichen Beziehung auf der Skala auf der Seite des Hasses, wird es schwierig sein, sofort Liebe zu entwickeln. Von einem Pol zum anderen zu springen – so wie es der Buddhismus empfiehlt –, ist nicht immer und für jeden Menschen möglich. Wenn man sich die Mühe macht, die Beweggründe seines Protagonisten zu erfahren kann man sein Verhalten vielleicht eher akzeptieren.

Es gibt viele Abstufungen auf der Skala zwischen den Polen. Im Zuge der persönlichen Entwicklung kann man die Stufenleiter von Hass, Missachtung, Ablehnung, Abneigung, Akzeptanz (der Mittelwert), Zuneigung, Wertschätzung bis zur Liebe hinaufsteigen. Dies sind Lernprozesse, sowohl auf der kognitiven als auch auf der emotionalen Ebene. Man begegnet Menschen und Situationen, die zu dem eigenen Entwicklungsstand passen und die Chancen für eine Erweiterung sind.

Das Zitat des Kybalion verdient noch eine weitere Erklärung. „Gleich und ungleich ist dasselbe, Gegensätze sind identisch in der Natur, nur verschieden im Grad ..." Dieses Prinzip besagt, dass beide Pole einem gemeinsamen Thema untergeordnet sind.

„Extreme berühren sich ..." Sie gehören zusammen zu einer Sache und sind nicht voneinander getrennt.

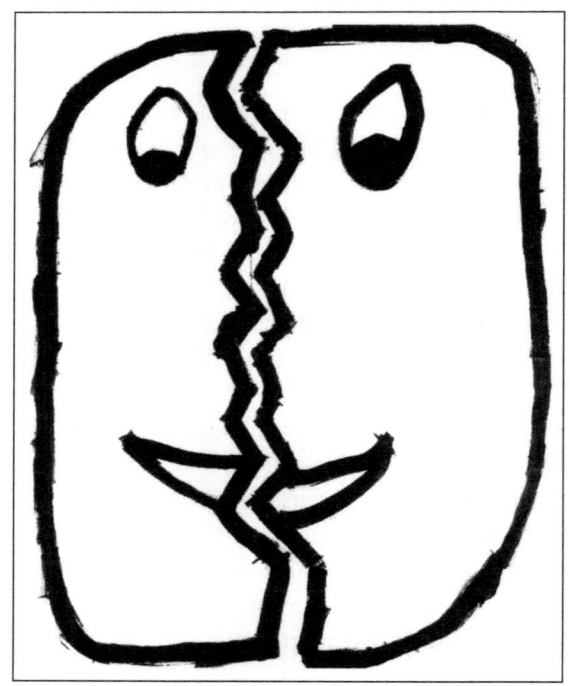

„... alle Wahrheiten sind nur Halb- Wahrheiten, alle Widersprüche können miteinander in Einklang gebracht werden." Alles ist eine Sache des Standpunktes. Je nachdem, welchem Pol ihr näher seid, werden die Aussagen zu dem Thema verschieden sein.

So werden in einer berühmten Parabel Himmel und Hölle in ein und derselben Situation dargestellt. Viele Menschen sitzen um einen Kessel voll Suppe und sind hungrig. In der Hölle bleiben sie ohne Nahrung, weil die Löffel mit zu langen Stielen nur erlauben, andere Menschen zu füttern. Im Himmel wird dies so gemacht und alle werden satt und glücklich. Der Autor dieser Parabel ist Rabbi Haim, der in der ersten Hälfte des 19. Jahrhunderts in der Türkei lebte. Wir produzieren genug Nahrungsmittel, allein der Abfall – der nicht verdorbene – würde genügen, um jedes hungrige Kind auf dem blauen Planeten zu sättigen.

Es gibt keine absoluten Wahrheiten, genauso wenig wie es 100-prozentigen Alkohol gibt. Eure Ziele, eure Art, eine Situation zu betrachten, ist das Fundament. Betrachtet ihr die Welt und ihre Phänomene aus einer höheren oder aus einer niedrigen Warte, dann würden zwei ganz unterschiedliche Perspektiven entstehen.

Wenn ihr euch für einen Pol entschieden habt, dann werdet ihr euch entsprechend verhalten. Doch die Situationen bleiben nicht gleich; es wirkt auch immer das Prinzip der Wandlung. Nichts bleibt, wie es ist, alles unterliegt permanenter Bewegung und Veränderung.

Ihr bewegt euch ständig zwischen den Polen der Gegenteile hin und her. Nur wenn ihr das Ganze erfasst, habt ihr ein allumfassendes Verständnis für ein Thema. Ohne Schwäche finden wir keine Stärke. Ohne Mangel und Einschränkung verstehen wir Reichtum und Überfluss nicht. Entwicklung findet immer dann statt, wenn ihr etwas Neues dazulernt.

Oft wird der eine Pol als positiv und der Gegenpol als negativ betrachtet. Es ist richtig, dass die beiden Gegensätze unterschiedliche Schwingungen aussenden. Trotzdem ist die Bewertung als gut oder schlecht nicht angebracht. Kein Pol ist schlechter oder besser als der andere. In beiden liegt ein bestimmter Wert. Grundsätzlich kommt es darauf an, für welche Sache oder Situation ihr den einen oder anderen Pol einsetzt.

Wenn ihr nur den einen Pol sehen wollt, dann werdet ihr euch irgendwann in einer zwingenden Wandlung wiederfinden. Um ein Thema in seiner Ganzheit zu begreifen, müsst ihr mit beiden Polen in Berührung kommen. Wenn ihr eine Erweiterung, einen Entwicklungsschub wünscht, dann müsst ihr euch auf den Gegenpol einlassen.

Beide Pole haben ihre Berechtigung, unabhängig von ihrer Bewertung. Durch so einen Prozess könnt ihr ein neues Niveau in eurer persönlichen Entwicklung erreichen. Das Grundthema wird anders erlebt, alte Verhaltensmuster kehren nicht mehr wieder. Starre Positionen im Denkprozess werden aufgegeben. Ihr fühlt euch freier, reifer, glücklicher.

Hört auf zu bewerten, fangt an, auch das anzuschauen, was ihr ablehnt. In Hawaii habe ich in einem Strand-Café einen Spruch an die Wand gepinnt gefunden: „Willst du glücklich sein, dann befolge drei Regeln: **Frage nicht warum**, **vergleiche nicht** und **höre auf zu bewerten**." Das Zitat gab keine Quelle an, deshalb ordne ich diese Empfehlung als zeitlose und transkulturelle Weisheit ein.

Die Dinge sind, wie sie sind, und nicht, wie wir sie gerne haben möchten. Es kommt darauf an, was man daraus macht. Diese Weisheit zu akzeptieren ist ein wichtiger Schritt zum Glück. Das englische Wort *happy* stammt von dem isländischen Begriff *hap*. Dies bedeutet glücklicher Zufall. Das erinnert an ein ulkiges Sprichwort: „Wer glücklich geboren ist, bei dem legt auch ein Hahn Eier." Dieses Konzept steht im Gegensatz zur buddhistischen Auffassung, dass Glück durch Geistesschulung zu erreichen und kein romantisches oder zufälliges Ereignis ist.

Meditation ist sicher eine Möglichkeit, den Geist zu disziplinieren. So wurde ein weiser Meister gefragt: „Wie sieht Eure Meditation aus?" Die Antwort lautete: „Wenn ich hungrig bin, dann esse ich. Wenn ich müde bin, dann schlafe ich." „Das tun doch alle so", war die enttäuschte Reaktion. „Oh nein", antwortet der Meister, „wenn ihr esst, dann gehen auch tausende Gedanken durch den Kopf. Wenn ihr schlafen sollt, dann wälzt ihr euch mit euren Problemen im Bett." Dieser Weise hat offenbar etwas gegen das vielgerühmte „Multitasking" und verweist auf Achtsamkeit in der Gegenwart. Für viele Menschen ist Vergangenheit und Zukunft wichtig; dabei zählt doch nur die Gegenwart, nur hier können wir handeln, etwas bewirken.

Die Polarität ist eng verbunden mit dem Prinzip der Wandlung. Alles verändert und verwandelt sich. Was ihr früher aus einem bestimmten Winkel erlebt habt, kann heute eine ganz andere Bedeutung haben. Das Modell ist immer dasselbe. Wir befinden uns in einer Ausgangsposition und nach einer Zeitspanne wird dieselbe Situation zu einem Bewusstseinspunkt. Dieselben Umstände gefallen nicht mehr, obwohl sie früher glücklich gemacht haben.

Diese Veränderungen könnt ihr zu allen Themen erleben. Beruf, Freundschaft, Partnerschaft, Wohnsituation, Reiseziele, etc. Es gibt kein Thema, das nicht der Veränderung unterliegt. In dieser Tatsache und Gesetzmäßigkeit liegt die Gelegenheit zu einer Weiterentwicklung.

Ausgangs-Positionen werden zu Bewusstseins-Positionen, alte Visionen und Träume werden zu Ausgangs-Positionen. In diesem Prozess erhöht sich das Niveau, wenn ihr die Veränderung zulasst. Dabei könnt ihr bei einer Thematik noch am Anfang stehen und bei anderen schon ein viel höheres Niveau erreicht haben.

Aus diesem Blickwinkel betrachtet sind unangenehme Situationen immer Chancen, zu Wachstum. So wie die Chinesen in Gefahr auch neue Möglichkeiten, eine Chance sehen.

Jedes nicht geplante Ereignis, das nicht gefällt, nennen wir Schicksalsschlag, jedes schöne Ereignis nennen wir Glück. Ein Thema wird auf eine Weise präsentiert, dass es nicht mehr ignoriert werden kann. In jeder schicksalhaften Begebenheit liegt die Chance zur Erweiterung der Sichtweise.

Dann sollt ihr versuchen herauszufinden, wofür diese Situation gut sein kann. Jeder bekommt nur jene Aufgaben gestellt, die er auch schaffen kann. „Auch das geht vorbei", war die Gravur auf einem Ring von König Salomon. Jede negative Situation löst sich auch wieder auf, jede noch so schöne Situation geht einmal zu Ende.

Das Prinzip des Rhythmus

„Alles fließt aus und ein, alles hat seine Gezeiten, alle Dinge steigen und fallen, das Schwingen des Pendels zeigt sich in allem, das Maß des Schwunges nach rechts ist das Maß des Schwunges nach links. Rhythmus kompensiert." – Kybalion.

Der Mensch lässt sich nicht ohne das Universum, das Universum nicht ohne den Menschen denken. Als Zeitgenossen der Raumfahrt neigen wir Menschen dazu, frühere Auffassungen über das Universum als überholt und unwissenschaftlich zu betrachten.

Doch eine Höhlenzeichnung stellt einen Menschen dar, wie er sich selbst sieht: aufrecht stehend, die Fäuste geballt, das Haupt im Mittelpunkt eines Reigens von Sternen. Der innere Kreis enthält neun Monde – die Monate im Mutterleib. Dieses Wesen sieht sich geboren als ein Mensch zwischen Himmel und Erde, Oben und Unten, in wechselwirkender Verbindung. Das ist sein Amt. Die Sterne in einer Doppelreihe über seinem Haupt zeigen wohl die Bereiche an, die er nach seiner Geburt in einem bestimmten Rhythmus noch entwickeln wird.

Ein Regenbogen durchzieht das Bild unterhalb der Gestalt. So ein Regenbogen umfasst alle Grundfarben des Lichtspektrums. Damit ist er ein Symbol seelischer Ganzheit. In der Mythologie ist der Regenbogen die Götterbrücke zwischen Himmel und Erde. Diese mythische Grunddeutung verleiht dem Regenbogen eine symbolische Vereinigung der Gegensätze.

Nun zurück zum Anfang: Auch Zahlen tragen Information und Rhythmus. So steht die Null für Unendlichkeit, unbegrenzte Möglichkeiten, zwingende Wandlung. In einer Bilanz ist sie keine gute Nachricht, aber immerhin besser als negative Posten. Den Indern wird ihre Erfindung zugeschrieben, die eine besondere Begabung für Informatik zeigen, also mit Null und Eins geschickt jonglieren können.

Die Eins steht für Einmaligkeit, Erkenntnis, Persönlichkeit. Die Zwei bedeutet Unterscheidung, Urteilsfähigkeit und Planung. Die Drei steht für Erkenntnis, Entschlusskraft und Intuition. Die Vier vermittelt Realisierung, Abgrenzung und Genauigkeit. Die Fünf bedeutet Ordnung, Gestaltung, Steuerung und Dominanz.

Die Sechs steht für Durchsetzung, Vitalität und Kraft. Die Sieben ist eine heilige Zahl und ihr Rhythmus und Jahreszyklus kommt im menschlichen Leben oft vor. Diese Zahl steht für Kreativität und Wachstum. Die Acht bedeutet Ausgleich, Harmonie, Schönheit und Güte. Die Neun weist auf Schicksal, Flexibilität und Dynamik.

Die Sieben wird in unserem Kulturkreis als besondere Zahl gesehen. Ein Blick auf verschiedene Traditionen hilft, den Sieben-Jahres-Zyklus des Lebens zu verstehen. Schon in den frühen Schriften der Astrologie finden sich Zeugnisse der bedeutungsvollen Sieben. Dieser Rhythmus ergibt sich aus der Umlaufbahn des Planeten Saturn, der diese innerhalb von 28 Jahren vollendet. Alle sieben Jahre befindet er sich in einer geometrisch bedeutsamen Konstellation zum Geburtshoroskop eines Menschen. Saturn steht für Konstruktion und Aufbau, aber auch für Grenzsetzung. Manchmal lässt das Universum dich zerbrechen, um dich heilen zu können.

Rudolf Steiner, der Begründer der Anthroposophie am Anfang des 20. Jahrhunderts beschreibt die Entwicklung des Menschen als Metamorphose und Verwandlung in sieben Jahresetappen. Anthroposophie wird wohl am kürzesten mit „Weisheit vom Menschen" definiert. Es ist die Wissenschaft zum Verständnis von Natur, Geist und menschlicher Entwicklung, damit der Mensch ganz Mensch werde. Alle sieben Jahre verändern sich Körper, Psyche und Seele des Menschen in einem Reifungsprozess.

Mit sieben Jahren verlieren alle Rassen auf dem Planeten Erde ihre Milchzähne, mit etwa 14 Jahren werden sie geschlechtsreif und mit 21 gelten sie als erwachsen. Es ist wichtig, die Gesetzmäßigkeit eines Lebensplans zu erkennen, um mit schwierigen Situationen erfolgreicher umzugehen.

Geburt bis sieben Jahre: Dies ist der Beginn des Lebens; das ist das wichtigste Stadium. In dieser Zeit werdet ihr von Instinkten des Hungers, des Schutzes, der Notwendigkeit der Liebe getrieben. Die inneren Strukturen werden aufgebaut. Lernen durch Nachahmung ist die Hauptaktivität. Dies ist die einfachste Art der Wissensaneignung. Das Menschlein lernt eine Menge von Verhaltensreaktionen. Kopfschütteln heißt nicht überall **Nein**. (In Bulgarien bedeutet es **Ja**.)

Die Kultur, in die ihr hinein geboren wurdet, hat großen Einfluss. Eure Reaktionen auf Wahrheit und Lüge sind noch primitiv. Aber ihr lernt sehr schnell motorische Bewegung, Strampeln, Krabbeln, Laufen; das erste Wort – Mama –, um zur Umwelt Beziehungen herzustellen; Schreien, um das zu bekommen, was man sich wünscht.

Ab eurer Geburt seid ihr in Bezug auf euren Körper, eure emotionalen und sozialen Bedürfnisse auf eure Familie angewiesen. Verlasst euch eure Lieben oder drohen zu gehen, dann verspürt ihr Eifersucht, Wut und Schmerz. Wenn ihr als Erwachsene nicht über diese Stufe hinausgereift seid, werdet ihr dieses Problem auf einem höheren Niveau wieder erleben.

Sieben bis 14 Jahre: Die Entwicklung der früheren Phase wird hier fortgesetzt. Ideen, Konzepte, Assoziationen, die bereits begonnen haben, werden jetzt von euch ausgebaut. Ihr erlebt einen physischen und psychischen Entwicklungsschub. Erwachsenen-Zähne ersetzen Milchzähne. Ihr werdet beginnen, mit euren Helden, Träumen, Gefühlen eine eigene innere Welt zu schaffen.

Zu diesem Zeitpunkt wird auch die Richtung eurer Interessen sichtbar. Eure Beziehungen zur Außenwelt nehmen zu. Ihr nehmt an Informationen auf, was die Schule bietet. Dies ist eine effiziente Art der Wissensaneignung. Ihr lernt zu teilen, verschiedene Standpunkte zu integrieren, um in der Gruppe akzeptiert zu werden und so harmonisch zu überleben. Dieser Prozess der Sozialisierung ist jetzt sehr wichtig. Gewohnheiten haben dies alles gelernt, während es ein Teil eures Charakters wurde.

14 bis 21 Jahre: Diese Periode ist mit Beginn der Pubertät durch starke physische und emotionale Veränderungen gekennzeichnet. Frühere Prozesse werden wieder fortgesetzt. Ihr werdet selbstbewusst, schätzt Musik, Kunst und Literatur. Eure Vorstellung von Moral ändert sich.

Ihr werdet euch eures Geschlechts bewusst und ihr neigt dazu, euch erstmals einen Freund und Partner zu suchen. Die Unabhängigkeit ist eine treibende Kraft dieser Zeit. Ihr verspürt den

Drang, euch von zu Hause, von den Eltern, zu lösen. „Halte mich, lass mich los", hat in diesem Lebensabschnitt eine große Bedeutung. Die Kindheit verblasst und hinterlässt auch Narben. Diese Phase wird euch Reife und Würde verleihen. Wenn dies nicht der Fall ist, werden sich später Mängel zeigen.

21 bis 28 Jahre: Dies ist die Stufe der Verfeinerung. Euer Kindsein tritt geistig und emotional in das Stadium des Erwachsenenalters ein. Ihr fangt an, die Basis eurer Karriere und Beziehung zu bauen, die auch in der größeren Welt Respekt und Beachtung finden. Die in früheren Zyklen beobachteten Interessen haben konkretere Form gefunden und die Fähigkeiten haben sich genauer entwickelt.

In Beziehungen lernt ihr, euren Partner besser zu akzeptieren. Ihr lernt ein Leben in Zweisamkeit zu führen, indem ihr liebt, unterstützt und euch den verschiedensten Situationen anpasst. Ihr geht Kompromisse ein, ohne euch selbst zu schaden. Ihr handelt mit eurer Fähigkeit der Intuition, des Urteilsvermögens und der Einsicht. Ihr fangt an, eure Beziehungsprobleme zu lösen und euch den Herausforderungen eures Berufes zu stellen.

In dieser Phase beginnt ihr, durch Erfahrungen zu lernen, dies ist der bitterste Lernprozess. Wenn eure persönlichen Probleme jetzt noch nicht bearbeitet wurden, werdet ihr sie in den späteren Jahren angehen müssen.

28 bis 35 Jahre: In dieser Phase tritt euer kreativer Denkprozess in den Vordergrund. Forscher und Künstler sind zu diesem Zeitpunkt auf dem Höhepunkt ihres Schaffens. Die Assoziationszentren des Gehirns erreichen im Alter von 35 Jahren ihre höchste Leistung. Die Emotionen werden subtiler, ihr werdet euch selbst besser erkennen. Auch wird euch bewusst, wer ihr seid und welche Charakterzüge euch von Familie, Freunden und Gesellschaft aufgezwungen werden.

35 bis 42 Jahre: Jetzt werdet ihr eure Karriere, Gewohnheiten, Beziehungen neu bewerten. Wenn ihr in früheren Phasen noch

nicht den Höhepunkt der Verwirklichung erreicht habt, ist dies die Zeit, in der ihr es nachholt.

42 bis 49 Jahre: Dies ist die Phase der großen Veränderungen. Wenn ihr im Leben noch keine großen Spuren hinterlassen habt, werdet ihr versuchen, dies in diesem Alter zu erreichen. Das emotionale Leben ist jetzt eher bedingungslos. Dies ist das Lebensalter, in dem ihr anfangt, Klischees zu vermeiden und an euch selbst zu glauben.

49 bis 56 Jahre: Dies ist die Epoche des spirituellen Erwachens. Mit dem Verlust von Kraft und Vitalität beginnt eine Ausrichtung nach innen. Ihr akzeptiert die Veränderungen in eurem Körper. Für Menschen, die nicht erkannt haben, wer sie sind und was ihr Lebenszweck ist, kann dieser Lebensabschnitt depressive Probleme aufwerfen.

56 bis 63 Jahre: Dies ist der Zeitabschnitt, in dem man den inneren Frieden annimmt. Die Anpassung an den älter werdenden Körper, an neue Beziehungsmuster und an eine veränderte Wahrnehmung der Welt schafft ein neues Erkenntnisniveau.

63 bis 70 Jahre: In dieser Zeit beginnt ihr, euch selbst besser zu verstehen, wenn die Bedürfnisse an die Außenwelt nachlassen. Jetzt werdet ihr dazu neigen, die besten Seiten der Dinge zu sehen und euch der einzigen Gewissheit des Lebens – des Todes – bewusst zu werden. Während dieser Zeit wird die Ablösung geübt.

70 bis 77 Jahre: Man kann jederzeit reifen, aber dies ist die Epoche, in der man sich am meisten mit dem inneren Selbst verbinden kann. Die bedingungslose Liebe nimmt zu und man beginnt, alles so zu akzeptieren, wie es ist.

77 bis 84 Jahre: In dieser Zeit hat sich ein neues Selbst entwickelt. Es ist aus den Erfahrungen des bereits gelebten Lebens hervorgegangen.

Die weiteren Lebensabschnitte werden von Rudolf Steiner nicht mehr spezifiziert und werden hoffentlich durch Weisheit und Einsicht verschönert. Obwohl der menschliche Körper physiologisch eine Lebenszeit von 120 Jahren erreichen kann (der älteste, bekannte Mensch soll eine 122 Jahre alte Französin sein), wird jetzt die Vorbereitung und Ausrichtung auf die Beendigung des Besuches auf dem blauen Planeten vordringlich. Denn der Abschied kann plötzlich kommen und man sollte nicht unverbereitet sein.

Im Prinzip kommt es nicht so sehr auf die Länge des Lebens an, sondern viel mehr auf die Intensität der Lebendigkeit und des Glücksgefühls, mit dem man die einzelnen Abschnitte erfahren hat. Doch eine lange Lebensspanne bietet sicher mehr Möglichkeiten, den blauen Planeten sinnvoll besucht zu haben.

Es gibt fünf blaue Zonen auf unserem blauen Planeten – die Heimat der gesündesten und am längsten lebenden Bevölkerung der Erde. Dies sind Gebiete mit hoher Konzentration von Hundertjährigen bei einem bemerkenswerten Ausbleiben von Zivilisationskrankheiten wie Herzproblemen, Krebs, Bluthochdruck, Diabetes, etc.

Blaue Zonen sind nicht die reichsten Gebiete der Welt. Tatsächlich ist das Leben dieser Menschen von bemerkenswerter Einfachheit geprägt. Diese Zonen sind sporadisch auf dem gesamten Planeten verstreut. Dies bedeutet, dass sie alle eine unterschiedliche Auswahl an Lebensmitteln haben.

Auf der japanischen Insel Okinawa, Insel der Unsterblichkeit, leben die Einwohner hauptsächlich von der violetten Süßkartoffel, einer Algenart und Shiitakepilzen. Auf der Halbinsel Nicoya in Costa Rica werden schwarze Bohnen, Kürbis und Bananen als Geheimnis für ein langes Leben angesehen. Außerdem haben sie einen „plan de vida", der im Fokus der Aufmerksamkeit steht.

In allen blauen Zonen ernähren sich die Menschen vorwiegend pflanzlich und von lokalen Produkten. Sie sind nie übergewichtig, essen nie bis zur vollen Sättigung. – „Hara hachi bu" – ist ihr Motto. Übersetzungen sind oft schwierig, die treuen sind nicht schön, die schönen sind nicht treu. Aber hier gibt es noch Steigerungsstufen. „Belly needle book", Bauch-Nadel-Buch ist die wortwörtliche Übersetzung. „Speise nur bis 80% des Sättigungsgrades" ist eine elegante, sinngemäße Variante. Vulgo: „Friss nicht, bis du platzt."

Sie alle trinken viel Wasser und Kräutertee. Ein Gläschen Rotwein für die älteren Damen und zwei Gläschen für die älteren Herren sind auch erlaubt und werden genossen.

In der Banbaya- Region in Sardinien, Insel der Hundertjährigen, und der grünen Insel Ikaria, in Griechenland, werden ein wenig Fisch und auch fermentierte Milchprodukte verzehrt. – Der Legende nach soll Dädalus nach dem Absturz von Ikarus, der zu nahe an die Sonne flog, in Ikaria gelandet sein und dort seinen Sohn betrauert haben. Vater und Sohn waren vorher im Labyrinth des Minotaurus auf Kreta gefangen, das Dädalus für die Bestie gebaut hatte.

Loma Linda ist die einzige blaue Zone in Nordamerika. Es ist eine Kleinstadt in Kalifornien, besonders von „Sieben-Tag-Adventisten", einer protestantisch-baptistischen Kirche, bevölkert. Diese Menschen sind sehr gläubig, verzichten ganz auf Alkohol und Drogen und arbeiten körperlich sehr viel. Sie leben zehn Jahre länger als der Durchschnittsamerikaner. Loma Linda ist die einzige Zone, die geographisch nicht isoliert ist.

Die Bewohner aller blauen Zonen verbringen viel Zeit im Freien. Sie sind täglich viel frischer Luft und Sonnenlicht ausgesetzt. Regelmäßige Sonnenbestrahlung ist für die Produktion von Vitamin D und in der Folge für die allgemeine, gute Stimmung sowie für gesunden Schlaf von wesentlicher Bedeutung.

Ein weiterer konsequenter Faktor ist viel Bewegung. Die Bewohner der blauen Zonen gehen in kein Fitnesscenter – sie integrieren Bewegung in ihren Alltag. Sie rennen, springen, hocken, schlurfen, graben und klettern quasi den ganzen Tag. Bewegung gehört zum Alltag wie Essen und Schlafen.

In der westlichen Welt wurde vor etwa 200 Jahren der Stuhl für die Allgemeinheit entdeckt. Früher hat man sich zum Ausruhen hingehockt, die Fersen am Boden; dies führte zu keiner Muskelverkürzung. Das Sitzen am Stuhl wird jahrelang in der Schule praktiziert und oft auch im Berufsleben weitergeführt. Dies hat langfristig Bandscheibenvorfälle in der Lendenwirbelsäule, Hüft- und Knieprobleme hervorgerufen.

Der große Einsatz von Computern, vor etwa einem halben Jahrhundert, hat vielen Menschen Vorfälle in der Halswirbelsäule beschert. Blaue Zonen verzichten auf diese technischen Errungenschaften.

In allen diesen Gebieten haben die Menschen ein bewusstes Ziel. Die Okinawer nennen es „Ikigai", dieses Konzept stammt auch von dieser Insel. Für Ikigai gibt es keine wörtliche Übersetzung. Grob gesagt heißt es: „Was mich glücklich macht."Oder „Warum ich am Morgen aufstehe." Als Kontrast hierzu meinte ein Jesuitenmönch sarkastisch, die Menschen im Westen stehen morgens nur auf, um auf die Toilette zu gehen.

Ikigai umfasst vier Fragenbereiche:
1. Finde heraus, was du liebst, was dir gefällt. Worin liegt deine Leidenschaft?
2. Was braucht die Welt? z. B. Klimaschutz, Tierschutz, Aufklärung in der Ernährung, etc.
3. Worin bist du gut? Worin liegen deine Fähigkeiten? Was fällt dir leicht? Bei welchen Themen wirst du um Rat gefragt? Was ist deine Berufung? Wie kannst du deinem Leben einen Sinn geben?
4. Wofür kannst du bezahlt werden und deinen Lebensunterhalt verdienen? Welche Marktnachfrage kannst du abdecken?

An der Schnittstelle dieser vier Bereiche solltest du tätig werden. Wenn du das tust, was du liebst, dann arbeitest du dein ganzes Leben nicht mehr – weder Stress noch Langeweile plagen dich. Diese Einstellung fördert die physische und psychische Gesundheit und verlängert das Leben.

Schon sehr bald nach der Geburt erhält man in Japan ein „Moai" (phonetisch gesprochen), eine kleine Gruppe von Freunden, die sich gegenseitig für einander auf Lebenszeit verpflichten. Von klein auf leben sie jeden Tag mit Achtsamkeit, Entschlossenheit und Dankbarkeit. Sie bleiben ihrem Lebensstil treu, der Generation für Generation weitergegeben wird. Sie achten auf ihre Gesundheit. Aber ganz entscheidend: Sie sind von nichts besessen – wie Geld, Macht, Ansehen –, sondern genießen und wertschätzen ihr Leben im Hier und Jetzt.

Allen diesen unterschiedlichen Gesellschaften ist eines gemeinsam: die Verbundenheit über Familie, Geschlecht, Alter und Beruf hinweg. Sie kennen keine Pension. Sie arbeiten gemeinsam bei Aussaat und Ernte auf dem Acker, der Jüngling neben dem Greis; sie singen, spielen, tanzen oft zusammen und feiern gemeinsam. Sie folgen den Ritualen ihrer Tradition. Und sie sehen den Tod als Teil des Lebens, ohne Furcht vor der Ungewissheit.

Sie haben den richtigen Rhythmus gefunden. Sie produzieren nur so viel, wie für sie selbst und ihre Gemeinschaft nötig ist. Dort gibt es keinen Wachstumsrausch, permanente Umsatzsteigerung, Profitmaximierung, etc. – dies sind nicht einmal Fremdwörter für diese Menschen.

Dazu fällt mir eine Geschichte aus Westafrika ein. Meine internationale Karriere begann in Dakar, im Senegal. Dort trug sich Folgendes zu: Ein Diplomat bestellte bei einem senegalesischen Tischler einen Stuhl mit Schnitzereien. Er war mit dem Prachtstück hochzufrieden und wollte weitere fünf in Auftrag geben. „Deine Arbeit gefällt mir. Welchen Preisnachlass gibst du mir? Immerhin arbeitest du jetzt für einen Diplomaten."

Der afrikanische Handwerker schob seine Betelnuss von der rechten in die linke Backe und antwortete sehr höflich, aber bestimmt: „*Monsieur le diplomat*, ich habe feste Preise! Das erste Stück kostet 100 Francs, jedes weitere doppelt so viel. Einen Stuhl zu schnitzen, macht Freude, mehrere bedeuten Arbeit, das langweilt mich. Deshalb muss man für mehr Stühle mehr bezahlen als für ein einziges Stück." Gegen dieses Argument ist wohl jeder Theoretiker der Nationalökonomie machtlos. Und ganz Dakar lachte, weil der Diplomat diese Geschichte empört weitererzählte.

Zurück zu den blauen Zonen. Diese Menschen extrahieren aus dem Boden nicht mehr, als gebraucht wird. Sie verpesten die Luft nicht mit industriellem Ausstoß von Kohlenstoffdioxid, das für den Treibhauseffekt und die Erderwärmung verantwortlich ist. Sie sehen ihre Mitmenschen nicht als Objekte, sondern als Subjekte, die auch eine andere Meinung haben dürfen. In diesen Gemeinschaften werden alle Probleme zur allgemeinen Akzeptanz gelöst. Sie leben im richtigen Lebensrhythmus, deshalb bleiben sie gesund, leben länger als Menschen mit konträren Rhythmen und sind zufrieden und glücklich. Die Bewohner der blauen Zonen wissen auch, dass Glück das einzige ist, das sich verdoppelt, wenn man es teilt.

Das Prinzip von Ursache und Wirkung

„Jede Ursache hat ihre Wirkung. Jede Wirkung hat ihre Ursache, alles geschieht gesetzmäßig. Zufall ist nur der Name für ein unbekanntes Gesetz." – Kybalion.

Gott würfelt nicht. Das Prinzip von Ursache und Wirkung ist in den anderen geistigen Prinzipien miteinbezogen. Dieses Gesetz wirkt immer und bildet sogar Basis und Grundlage für die anderen Prinzipien.

Es gibt keine Zufälle, diese dürfen wir nicht so nennen, nur weil wir Ursache und Wirkung nicht erkannt haben. Und es ist gut, dass eine Gesetzmäßigkeit existiert. Halte ich ein Buch in der Hand und lasse es los, dann fällt es zu Boden. Darauf kann ich mich verlassen. Hätte ich Angst davor, dass sich eine andere Wirkung zeigt – dass das Buch einmal in die Höhe oder zur Seite fliegt oder sogar in der Luft stehen bleibt –, so würde ich das Buch niemals loslassen.

Das Prinzip von Ursache und Wirkung gibt Sicherheit, dass gleiche Ursachen zu gleichen Wirkungen führen. Dies ist die Grundlage für jede Planung.

Viele Menschen leben in ihren alten Verhaltensmustern. Sie reagieren immer auf dieselbe Art und Weise. Deshalb müssen sie sich immer wieder mit derselben Thematik auseinandersetzen. Hat man sich aber angewöhnt, sich über andere zu ärgern, reagiert man automatisch so, und findet immer einen Grund.

Diesen Teufelskreis kann man nur durchbrechen, wenn man bewusst eine andere Aktion setzt, großzügig über Fehler hinwegsieht, anderen Menschen Verständnis entgegenbringt, Anerkennung und Wertschätzung verteilt. Eine positive Grundhaltung ist viel wert und bringt auch viele Vorteile. Wie man in den Wald hineinruft, so kommt das Echo zurück. So bedeutet Karma, dass alles in unserem Leben Folgen hat. Mit keiner bösen Tat kommen wir ungestraft davon. Jede gute Tat aber erzeugt Glück. Neue Ursachen auf der materiellen Ebene führen zu neuen geistigen Haltungen, und in weiterer Folge zu einem besseren Zugang zur Seele. Fühlt man sich gestresst, angespannt und ausgelaugt, muss man etwas Gegenteiliges unternehmen, bis man eine Veränderung spürt. Die körperliche Entspannung führt zu geistiger Gelassenheit und zur seelischen Verbundenheit. Man ist wieder verbunden mit dem Meer aller Möglichkeiten.

Wenn sich eine Person unmöglich benimmt, dann beginnt man oft einen inneren Dialog, meist in der Tonart: „Wenn das so weitergeht, dann werde ich dich erwürgen." Auf Arabisch nennt man das „mit der Seele sprechen". Man könnte aber auch umformulieren: „Das ist aber interessant. Daran hätte ich nie gedacht." Für die eigene Seele ist dies die bessere Variante, und langfristig schafft es eine gute Atmosphäre.

Ein weiterer wichtiger Aspekt in diesem Zusammenhang ist die Zielsetzung. Grundsätzlich gibt es zwei Arten: Tagträumerei und Wunschvorstellungen auf der einen Seite und tatsächliche Ziele, die man realisieren will, auf der anderen. Von einem roten oder blauen Sportwagen zu träumen, wird das Gefährt nicht herzaubern. Beim Träumen setzt man noch keine Ursachen. Erst eine Entscheidung führt in die Realität. Eine gute Entscheidung muss eindeutig sein; es darf kein Zweifel bestehen. Danach folgen Überlegungen für das Handeln, das zum Ziel führt.

Zudem unterscheidet man lineare Ziele und solche, die einem Rhythmus unterliegen. Lineare Ziele erreicht man durch eine einmalige Entscheidung – zum Beispiel den Kauf eines blauen Mercedes. Die andere Zielart unterliegt einem bestimmten Rhythmus, z. B. das Erlernen eines Berufs, einer Fremdsprache, eines Sports wie Tennis oder Golf. Rhythmische Ziele müssen in Fluss gebracht werden, dies entspricht dem Prinzip der Wandlung.

Da alles einem ständigen Wandel unterliegt, ist es notwendig, einen starken Fluss in die rhythmischen Ziele zu bekommen. Wichtig ist auch, mit Energie sorgfältig umzugehen. Energie muss aufgebaut, aber auch wieder losgelassen werden, damit sie sich wandeln kann. Wie bereits erwähnt ist es wichtig, dass wir uns auch im Alltag auf einer Schwingungsebene befinden, die genauso hoch wie die Zielebene ist. Wer nach einem positiven Entschluss im täglichen Leben von ständigen Zweifeln geplagt wird, kann nicht auf einen glücklichen Ausgang hoffen.

„Das ist zu kompliziert. Das verstehe ich nicht. Das soll jemand anderer machen." Diese Gedanken und ähnliche werden wie ein Mantra ständig wiederholt. Es kommt nicht darauf an, perfekt zu sein, aber bemühen muss man sich schon, ehe man aufgibt. Wer gewohnheitsmäßig überall nur Probleme und Hindernisse sieht, wird es im Leben nicht weit bringen.

Wer sich ein Ziel setzt, muss auch die richtige Formulierung finden. Positive Sätze sind gefragt. Das Unbewusste nimmt Verneinungen nicht auf, genauso wenig wie Absichtserklärungen. Wirkungsvoll ist jedoch das Denken in Bildern.

Im Kybalion wird von niedrigen und höheren Zielen gesprochen: „Nichts entgeht dem Prinzip von Ursache und Wirkung. Aber es gibt viele Ebenen der Ursächlichkeit. Man kann die Gesetze der höheren verwenden, um die Gesetze der niedrigen zu überwinden."

Die Ursachen, die wir auf der höheren Ebene gesetzt haben, sind immer vorrangig. Die höchste Schwingung befindet sich auf der seelischen Ebene, es folgt die geistige und dann die materielle. Diese Gesetzmäßigkeit bestimmt auch, dass immer die höhere Ebene gewinnt. So wird Liebe immer über alle anderen Beweggründe gewinnen. Liebe hat die stärkste Wirkung.

Es gibt noch andere, höhere Pläne, wie z. B. Zeitqualität, Jahreszeiten, Modeerscheinungen auf materieller und geistiger Ebene. Wir unterliegen auch Prozessen der Kultur, wie z. B. in der

Epoche der Renaissance, ein neuer Aufbruch der Menschheit und sicher nicht nur eine Wiederholung der Antike.

Wir alle sind mit einer Lebensaufgabe geboren. So gibt es für die Menschheit als Ganzes bestimmte Themen in einer Epoche. Diese bewirken bestimmte Erfahrungen, die zur Entwicklung führen. Dies können auch minimale Anstöße sein. Naturerlebnisse können wildfremde Menschen zusammenführen.

Ich erinnere mich an eine bestimmte Konstellation des Mondes vor der Sonne vor vielen Jahren – eine Sonneneklipse. Fremde Menschen borgten mir auf der Straße – ohne Aufforderung oder Bitte meinerseits – eine spezielle Brille, mit der man das seltene kosmische Erlebnis besonders gut beobachten konnte. Naturkatastrophen, durch Feuer, Wasser, Erdbeben, Vulkane ausgelöst – so sehr sie Leid und Unglück verursachen – können Menschen zu ungeahnter Hilfsbereitschaft und Einsicht bringen.

Während meiner Tätigkeit als Economist in der Asiatischen Entwicklungsbank in Manila, Philippinen, hatte ich einmal so ein einzigartiges Erlebnis. In den Tropen war es damals üblich, sich gegenseitig häufig einzuladen. Fernsehen war noch nicht erfunden, Theater fand nur zu allen heiligen Zeiten statt – und dann oft nur in der Landessprache: Tagalog. Es musste eine Basis geschaffen werden, um sich zu treffen und zu unterhalten. Man lud sich nach der Arbeit im Rudel ein, Kollegen und andere Ausländer, die dasselbe Schicksal teilten: 30 Personen im Schnitt; Personal und Getränke waren im Überfluss vorhanden.

Als wieder einmal mein Haus als Gaststätte an der Reihe war, habe ich auch meinen Chef, Direktor der Abteilung, und seine Ehefrau eingeladen. Ein Japaner, seine Gemahlin mit dem Kaiserhaus verwandt. Niemals habe ich ein so vornehmes und dabei so natürliches Paar erlebt.

Ein Unglück war es, dass der Cocktail für meinen Chef nicht mit Mineralwasser, sondern mit Gin aufgegossen wurde. Das philippinische Mädchen an der Bar wollte es besonders gut machen, oder beide Getränke waren durchsichtig und für sie daher gleichwertig.

Es geschah, wie es geschehen musste: Nach einem langen Arbeitstag und großer Hitze brach der Chef nach dem Cocktail zusammen. Ein Arzt unter den Gästen wollte mit einer Spritze für den Kreislauf helfen. Das wäre in einem europäischen Kontext das Richtige gewesen, jedoch nicht in Asien. Mein Haus war mein Territorium. Vom Instinkt getrieben sagte ich: **Nein!** Noch nie habe ich einem Arzt widersprochen, noch habe ich das vor. Doch hier war es absolute Notwendigkeit. „Ich habe die Rettung bereits verständigt!" – die auch bald mit lautem Getöse anbrauste –, war meine Strategie. Der Chef blieb einige Tage im Spital, offiziell wurde ein Herzproblem diagnostiziert. Während der Arzt zu erklären versuchte, dass dies nicht stimmte, war mein einziger Kommentar: „Bitte halten Sie den Mund."

So konnte der japanische Aristokrat sein Ansehen wahren, denn zu viel Alkohol, verbunden mit einem Zusammenbruch, wäre ein Gesichtsverlust gewesen. Eines Tages bekam ich zwei japanische Puppen – unten im Bild – mit einem Billett, auf dem ein einziges Wort in meiner Muttersprache stand: **Danke.**

Welch ein Kontrast zu dem Präsidenten der Asiatischen Entwicklungsbank, ebenfalls ein Japaner, ein Karrierebanker, der gerne Bridge spielte. Wir internationale Angestellte – für diesen Mann sicher nur Untergebene – wurden fallweise in seiner Residenz zu Bridgeturnieren eingeladen. Eigentlich waren wir nur Kanonenfutter, denn bei einer größeren Anzahl von Spielern ergaben sich für das Präsidentenpaar mehr Meisterpunkte.

Bei einem dieser Turniere war ein junger Japaner mein Bridgepartner. Wir beide waren relativ neu in dieser Spielart, hatten jedoch zwei Nächte lang vor dem Event Konventionen gepaukt. Darunter gab es eine exotische Variante des Kontras: das Streifenschwanzaffen- Kontra *(Stripe Tailed Ape Double)*. Dies ist ein Kontra, das ich in meiner späteren, langjährigen Bridge-Karriere nie zur Anwendung bringen konnte. Doch diese Konvention – so nutzlos sie auch war – konnte ich nie vergessen. Die Karten hierzu haben sich nie ergeben, aber es ist eine bemerkenswerte

Überlegung zwischen Bluff und kalkuliertem, psychologischem Risiko. Dieses Kontra soll die Gegner von der Ansage eines eigenen – höherwertigen – Kontrakts abhalten.

Ein konkretes Beispiel: Mein Partner beginnt mit Stopp, 4 Herz; der Gegner interveniert mit 4 Pick. Mein Blatt hat fünf kleine Herzkarten und zwei Punkte. Eines der Restblätter der Gegner ist sicher *Chicane* in Herz. Mir ist klar, dass die Gegner Schlemm-Potential, vielleicht sogar die Chance für einen Groß-Schlemm haben.

Und jetzt kommt das exotische Kontra. Denn mit anderen Geboten wie 5 oder 6 Herz treibe ich sie nur in den Schlemm in Pick. Dies klingt verrückt, ist es aber nach Adam Riese nicht. Für 4 Pick im Kontra, erfüllt in Gefahr, schreiben die Gegner 790, selbst mit drei Überstichen 1390. Doch nur ein Klacks gegen 6 oder sogar 7 Pick! Ich beglückwünsche den Spieler, der einmal die Chance für diese tolle Konvention hat.

Nun zurück zum Turnier in der Präsidentenresidenz. Wir wollten uns nicht blamieren – das war meine Einstellung, doch der Kollege war ehrgeiziger und wollte dem Präsidenten imponieren.

Beim zweiten Spiel gegen das Präsidentenpaar machte er ein gewagtes *Lizit* – es war mehr Poker als Konvention. Der Präsident passte und wartete auf das Kontra seiner Partnerin. Meine Karten – obwohl sehr bescheiden an Punkten – waren eine gute Ergänzung und so passte auch ich. Die Frau des Präsidenten wand sich auf ihrem eleganten Stuhl und passte dann ebenfalls. Aus unbegreiflichen Gründen kontrierte sie nicht auf. Man kann das am besten so erklären: Niemand stolpert über hohe Berge, aber sehr wohl über kleine Hügel. Das wäre nur ein ganz normales Kontra gewesen.

Der Präsident bekam einen roten Kopf und begann, seine Ehegemahlin auf Japanisch wild zu beschimpfen. Der japanische Kollege verstand erst jetzt, dass er einen riesigen Fehler – nicht in Bridge – begangen hat. Von seiner Hand, die die Karten nicht hielt, tropfte der Schweiß wie ein Bach auf den Boden. Sein Gesicht war weißer als Schnee, denn er verstand ja den Zornesschwall des Präsidenten.

Nach Beendigung des dritten Spiels wankten wir zu den Waschräumen, denn auch ich fühlte mich nicht sehr wohl in meiner Haut, obwohl wir an diesem Tisch gewonnen hatten. Dort sah ich mich mit Toilettenpapier konfrontiert mit Pick, Herz, Karo, Treff, Kontra und Rekontra!

„Spiele mit einem Menschen eine Stunde und du kennst ihn besser als nach einem Hundert-Stunden-Gespräch", ist ein weises Sprichwort. Der Präsident hatte anscheinend nicht nur seine Konventionskarte, sondern auch Sun Tzus' „Die Kunst des Krieges" aus dem 6. Jahrhundert v.Chr. in seiner Tasche.

Es war doch nur ein Spiel mit Karten gewesen, aber hier wurde Bridge wie eine Kriegshandlung geführt. „Es kommt nicht darauf an, wer recht oder unrecht hat, sondern wer übrig bleibt", ein Zitat obigen chinesischen Autors. Diese beiden konträren Beispiele der japanischen Kultur zeigen, wie Ursachen zu den unterschiedlichsten Wirkungen führen können.

Das Prinzip des Geschlechts

„Geschlecht ist in allem, alles hat männliche und weibliche Prinzipien, Geschlecht offenbart sich auf allen Ebenen." – Kybalion.

Alles hat männliche und weibliche Anteile. Geschlecht offenbart sich auf allen Stufen, nicht nur auf der körperlichen, sondern auch auf der geistigen. Es gibt niemanden im Universum, der vaterlos oder mutterlos wäre. Jede Idee benötigt einen Raum, um sich zu verwirklichen, so wie der Samen Zeit zum Reifen und Wachsen braucht.

Diese beiden Prinzipien ergänzen sich gegenseitig, bilden zusammen eine Einheit und sind somit komplementär. Wenn der männliche Aspekt aktiv ist, dann ist die weibliche Ergänzung empfangend und passiv. Wenn der Mann eine Idee hat, benötigt er die weibliche Energie der Ausführung. Nur der Geist ist männlich und weiblich zugleich.

Oft sind es Frauen, die die männlichen Aspekte stärker ausleben als die männlichen. Das könnte bei euch Zwillingen der Fall sein. Interessant zu beobachten ist, dass Eleonora sehr lebendig und aktiv ist, sie ist auch die größere von euch beiden – um einen Zentimeter höher geschossen. Anscheinend hat sie mehr männliche Anteile in ihrem Wesen. Tudora ist stiller und sanfter im Alltag, sie läuft auch immer hinter der älteren Schwester her – es handelt sich um eine einzige Minute. Wenn jedoch gebrüllt und Unmut über irgendetwas ausgedrückt wird – Hunger, nasse Windeln, Langeweile etc. –, dann seid ihr beide gleich laut und vehement.

Ein ausgewogenes Verhältnis beider Prinzipien ist der beste Weg. Sowohl männliche als auch weibliche Prinzipien haben positive wie negative Eigenschaften. Gerade deshalb ist ein harmonischer Ausgleich beider Kräfte so wichtig. Dies zeigt sich, wenn man die wichtigsten Aspekte genauer betrachtet.

So sind die positiven männlichen Aspekte Aktivität, Mut, Verantwortung, Ausdauer, Ehrlichkeit etc. Die negativen Eigenschaften umfassen Zorn, Wut, Eifersucht, Triebhaftigkeit, Prahlerei etc.

Die positiven weiblichen Aspekte sind Freude, Mitgefühl, Ruhe, Fleiß, Treue, Reinheit, Liebesfähigkeit, etc. Die negativen Eigenschaften sind Angst, Gier, Neid, Klatschsucht, Eitelkeit, Faulheit, Ungeduld, Bedürftigkeit etc.

Geschlechtsspezifische Unterschiede sind auch in der linken und rechten Gehirnhälfte zu erkennen, wobei die linke Seite für männliche Prinzipien steht, während die rechte weibliche Charakteristika vertritt. Ihr könnt euch an den vielen Gegensatzpaaren aussuchen, wo eure Stärken liegen: Kopf versus Herz, bewusst/unbewusst, tun/sein, handeln/planen, individuell/kollektiv, durchsetzen/anpassen, außen/innen, Logik/Werte, unterscheiden/verbinden, Ursache und Wirkung/Beziehung, sprechen/zuhören, ungeduldig/geduldig, durchsetzen/anpassen, lineare Analyse/systemisch, Struktur/Zufall. Obwohl diese lange Liste keinen Anspruch auf Vollständigkeit hat, habt ihr doch viel Material zur Selbstreflexion.

Dieses Prinzip des Geschlechts wirkt wie alle anderen nicht nur auf der körperlichen Ebene, sondern auch auf der geistigen und seelischen. In diesem Zusammenhang ist der männliche Aspekt richtungsweisend, der weibliche empfangend – die Idee und die Ausführung, das Aktive und das Passive.

Dies bedeutet nicht, dass die entsprechenden Aspekte nur als Mann oder Frau gelebt werden können. Auf der geistigen Ebene habt ihr die Wahl, welchen der Aspekte ihr ausleben wollt. Viele Menschen neigen dazu, einen der Aspekte mehr zu betonen. Ein

harmonisches Verhältnis ist die beste Entscheidung Wer sich immer durchsetzen will und nur seine eigene Meinung gelten lässt, der kann keine neuen Impulse aufnehmen. Diese Menschen werden oft zornig, wenn sie ihren Willen nicht bekommen.
Im Gegensatz dazu gibt es Menschen, die keine eigene Meinung haben. Sie können nur schwer eine Entscheidung treffen und richten ihr Leben nach dem Willen anderer aus. Bei ihnen bestimmen Bezugspersonen und Umstände, was sie tun. Auch sie werden bald an die Grenzen ihrer Entwicklungsmöglichkeiten stoßen. Selbstverwirklichung kann auch mit so einer Haltung nicht erreicht werden.

Wenn es euch gelingt, eine Balance zwischen diesen zwei Prinzipien zu leben, dann seid ihr gleichzeitig mit euch selbst und anderen Menschen verbunden. Ihr befindet euch nicht in irgendeiner Abhängigkeit, sondern folgt dem Fluss eures eigenen Lebens. Nur wenn sich beide Aspekte verbinden, kann etwas Neues entstehen. Wer nur für eine Idee einen Raum schafft, der bleibt nur bei der Idee. Die Ausführung ist der notwendige Schritt bei der Erschaffung der Realität.
Es ist gleichgültig, was ihr erschaffen wollt: ein Projekt verwirklichen, einen Kuchen backen oder die eigenen Ängste überwinden. Das Prinzip wirkt immer. Wollt ihr eure Ängste bekämpfen, dann müsst ihr euch diesen Ängsten stellen, um sie zu integrieren und neue Handlungen auszuführen. Wenn ihr über eine Wandlung nur nachdenkt, dann bleibt es eben nur bei den Gedanken.

Das Kybalion sagt hierzu passend: „Der Halbweise, der die verhältnismäßige Unwirklichkeit des Universums erkennt, glaubt, seine Gesetze missachten zu können. Das sind eitle und eingebildete Narren, sie werden gegen die Felsen geschleudert und entzwei gerissen. Die echten Weisen, die die Natur des Universums kennen, verwenden Gesetz gegen Gesetz, das Höhere gegen das Niedrige. Und durch die Kunst der Alchemie verwandeln sie das, was unerwünscht ist, in das Wertvolle."

Im Informationszeitalter werden wir ständig mit neuen Impulsen überschüttet. Ungefiltert nehmen die meisten Menschen auf, was geboten wird. Der Geist trifft keine Entscheidung, er wertet nicht aus, ob die Information brauchbar ist. Man muss das Bewusstsein einsetzen.

Da die Realität aus dem geschaffen wird, was man denkt, ist es wichtig zu erfassen, welche Wirkung aus Gedanken entstehen kann. Da alles miteinander verbunden ist, schaden die negativen Gedanken über den Adressaten hinaus durch die negativen Schwingungen, die sie begleiten.

Das siebente hermetische Prinzip des Geschlechts verdeutlicht noch einmal, wie wichtig es ist, welche Gedanken wir aufnehmen oder zulassen. Es beschreibt den schöpferischen Vorgang: Der Geist bietet sowohl als Empfangender als auch als Ausführender Raum für die Entstehung von etwas Neuem.

Dieses Prinzip wird von vielen Menschen nicht ernst genommen oder auch verdrängt. Jedoch ist diese Gesetzmäßigkeit von großer Bedeutung, ihre Wirkungsweise rundet das Verständnis für die Realität ab. Durch unsere persönliche Sichtweise entsteht unsere Welt, die nur wir so wahrnehmen. Aber wir befinden uns auch in der Masse. Folglich wirkt sich die Summe der Gedanken der Menschheit auch auf uns aus – so wie unsere Gedanken.

Durch die Verbreitung von Nachrichten entstehen Überzeugungen, die nur schwer zu ändern sind. Die überwiegende Grundhaltung ist negativ; Katastrophen bringen mehr Absatz als Hochzeiten. Was kann der Einzelne da schon ausrichten? Ist man wirklich so machtlos? Vielleicht sind es gerade eure Gedanken an Gesundheit, mitten in einer Pandemie, an Hoffnung, an Freude, Gerechtigkeit, die fehlen, um eine positive Veränderung in Gang zu setzen.

Hierzu eine Parabel aus dem Orient: „Auf einem Ast saß ein kleiner Vogel, als es zu schneien begann. Das war etwas Unbekanntes, jedoch dachte er sich, dass eine Schneeflocke doch fast

nichts wiege. Es kamen immer mehr Schneeflocken vom Himmel. Der Vogel erinnerte sich genau daran, auch andere sagen gehört zu haben, dass eine Schneeflocke nichts wiege. Deshalb konnte sie ihm und dem Ast nicht schaden. Das dachte er solange, bis der Ast dann irgendwann unter der Last der nichts wiegenden Schneeflocken brach."
 Energie folgt der Aufmerksamkeit, gehört zu den Lehren der Hermetik. Warum solltet ihr dann eure Aufmerksamkeit auf die Probleme dieser Welt legen, wie sie in den Nachrichten unentwegt verbreitet werden? Sinnvoller ist es, sich mit Gesundheit zu beschäftigen, anstatt der Angst vor Krankheit, Ansteckung und Immunschwäche Raum zu geben.

So rate ich euch, tragt bewusst dazu bei, Aspekte von Glück, Freude und Hoffnung in eure Umgebung hineinzutragen. Schon das Abwenden der Aufmerksamkeit von negativen Meldungen ist wertvoll.

Um dieses Thema abzuschließen, will ich euch von einem Land in Asien berichten, das neben den USA auch das Streben nach Glück in seiner Verfassung verankert hat. Bhutan ist ein kleiner Staat zwischen den Großmächten China im Norden und Indien im Süden.
 Bhutan nennt sich auch das Land der Donnerdrachen, Druk-Yul, Land der glücklichsten Menschen. Der Drache ist ebenso auf der Nationalflagge, neben gelbem – Buddhismus – und rotem – Königtum – Hintergrund. Wenn auch dort die Frauen nicht die gleichen Chancen wie Männern haben (z. B. in Bildung und Beruf), so sind in diesem Land in der politischen Zielsetzung viele Yin-Elemente, weibliche Parameter enthalten und es gibt so manche Besonderheiten.
 Schon als wir in Paro (nicht in der Hauptstadt Thinpu, dort gibt es keinen Flughafen, wir befinden uns auf den südlichen Abhängen des Himalaja) landeten, begrüßte uns ein doppelter Regenbogen: eine Doppelbrücke zwischen Himmel und Erde, ein einmaliges Naturphänomen.

Der Besuch des Tigernestes, des Taktsang-Klosters – wie ein Schwalbennest an den Fels geklebt, in mehr als dreitausend Meter Höhe – war ein weiterer Höhepunkt dieser Reise. Der Legende nach hat Guru Rinpoche den Buddhismus im 9. Jahrhundert nach Bhutan gebracht und dort in einer Höhle drei Monate lang meditiert. Das Kloster wurde erst im 17. Jahrhundert errichtet; es ist einige Male – wegen Butterlampen – abgebrannt, wurde aber immer wieder aufgebaut. Gäste sind willkommen, neue Techniken nicht.

Der Aufstieg begann für die erste Etappe auf einem Pferd. Schon bei der ersten Biegung ein ungewohntes Verkehrsschild: „Be soft on my curves." Dann schmückten viele Fahnen, bedruckt mit Gebeten die Landschaft. Sie sollten das Leid der Menschen vermeiden. „Möge das Gute über das Böse siegen", ist das Grundthema.

Bald kamen wir zu einem Teehaus in einer Traumlandschaft an und schickten die Pferde hinunter ins Tal. Noch nie hat mir ein Tee der besonderen Art – obwohl fremdartig – so gut geschmeckt: Buttertee aus Teeblättern, Yakbutter und Salz.

Dann ging es zwei Stunden Fußmarsch hinauf zum Kloster. Das war zugesperrt. Doch halte ich drei Steine aus der Höhle, in der Guru Rinpoche meditierte, in ehrenvollem Andenken. Der Ausblick vom Tigernest kann in Worten nicht beschrieben werden. Ich hoffe, dass ihr dieses einmalige Land mit den großartigen Landschaften auch einmal besuchen werdet.

Wir kamen am Geburtstag des jungen Königs an; da wurde gleich drei Tage lang gefeiert. Das ganze Land – circa 800 000 Menschen – war in einem Festrausch, Festtagskleider, meist in Seide für Mann und Frau, Paraden, getanztes Theater, traditionelle Konzerte, Sprechgesänge, Bogenschießen, der Nationalsport in Bhutan, wogten im ganzen Lande. Nirgendwo wird der König so sehr geliebt und verehrt.

Sein Vorfahre, der liebevoll K4 genannt wird – er war der vierte König der Dynastie – führte am Ende der 1970er Jahre das Bruttosozialglück als Parameter für die Entwicklung des Landes ein. Dies ist einzigartig auf der ganzen Welt.

Dabei ist Bhutan nach westlichen Maßstäben ein armes Land. So wurde auch internationale Hilfe geleistet. Der König wünschte sich Schulen für die jungen Menschen in den großen Höhen und Spitäler für alle seine Untertanen. Wann immer ein Projekt vollendet wurde, war seine Anerkennung berühmt: „Danke für die Schule, das ist mein Palast. Danke für das Spital, das ist auch mein Palast."

Der junge König hat die Regentschaft in diesem Sinne übernommen. Das Bruttonationalglück ist ein Versuch, den Lebensstandard in Bhutan in breit gestreuter, großer Anzahl weiser Parameter zu definieren und somit dem herkömmlichen Bruttonationalprodukt, einem ausschließlich durch Geldfluss bestimmtem Maß, einen ganzheitlichen Bezugsrahmen gegenüber zu stellen.

Die vier Säulen des Bruttonationalglücks in Bhutan sind:
– Nachhaltige und gerechte wirtschaftliche Entwicklung
– Gute Regierungsführung
– Gleichberechtigung vor dem Gesetz
– Förderung eines freien und rechtlichen Kulturlebens

Die erste Erwähnung des Begriffs Bruttonationalglück, und damit auch die Prägung des Begriffs, geschah im Jahre 1979. In einem Interview mit einem indischen Journalisten wurde dem König die Frage gestellt, wie hoch das Bruttonationalprodukt seines Landes sei.

Anstatt darauf zu antworten, erwiderte der König, dass in Bhutan das Bruttonationalglück wichtiger als das Bruttonationalprodukt ist. Diese erstmalige Erwähnung jenes Ausdrucks stellte eine spontane Reaktion des Königs dar. Es ist mehr als ein Wortspiel, eher als ein ganzheitliches und übergeordnetes Konzept zu betrachten. Der König erfand einen anschaulichen Begriff für das Streben einer wirtschaftlichen Entwicklung, die Bhutans Kultur und ihrer Werte ebenso gerecht wird wie wirtschaftlicher Fortschritt. Es geht über das Konzept des Menschen als „homo oeconomicus" hinaus, der nur als Produzent und Konsument definiert wird.

In Bhutan wird nicht gejagt und nicht gefischt. Bildung und Medizin ist kostenlos. Rauchen ist im ganzen Land verboten. Es gibt keine Ampeln und keine Werbeplakate. Zur Arbeit geht man in traditioneller Kleidung. Wald muss bis zu 60 Prozent erhalten bleiben; das Land ist klimaneutral. Tourismus ist zahlenmäßig beschränkt. zugelassen nur in Begleitung eines lokalen Führers. Die wunderschöne Landschaft soll auch noch für spätere Generationen erhalten bleiben. Darüber wacht ein Ministerium für Glück und Wohlbefinden, das alle fünf Jahre stichprobenhaft den Zustand der Bevölkerung überprüft.

Bhutan ist ein kleiner Staat mit großem Charme, ein zutiefst buddhistisches Land. Auch nach dem Dalai Lama ist das Streben nach Glück das höchste Streben jedes Lebewesens. Besonders beachtenswert ist der Umstand, dass der Buddhismus nicht zu missionieren versucht. Jeder Mensch sollte bei der Religion seiner Kultur bleiben. Auch sollte man nichts glauben, ohne es zu prüfen. Selbst Buddha sprach es so aus. Damit wird die Selbstverantwortung wieder groß.

Und das entspricht doch der Würde des Menschen. Du selbst bist deines Glückes Schmied und niemand anderer. Das 20. Jahrhundert war das Jahrhundert des Blutvergießens, niemals haben so viele Kriege und Konflikte stattgefunden. So möge das 21. Jahrhundert – nach der Empfehlung des Dalai Lama – das Jahrhundert des Dialogs werden.

Dies ist umso notwendiger, da wir uns jetzt bereits in der vierten industriellen Revolution befinden: Der Mensch wird mit dem Computer verbunden, künstliche Intelligenz wird immer mehr eingesetzt; dabei werden zwischenmenschliche Beziehungen immer unwichtiger. Dies hat weitreichende Folgen wirtschaftlicher, sozialer und psychologischer Art, deren Auswirkungen vielfach nicht bewusst sind oder sogar verdrängt und ignoriert werden.

Die Gegenwart ist charakterisiert durch eine noch nie dagewesene Konzentration von Geld, Informationen und Verwaltung dieser Informationen in den Händen weniger Protagonisten. Diese agieren über Staatsgrenzen hinweg und sicher nicht im Interesse des Allgemeinwohls.

Diese Konzentration von Macht über Kontinente hinweg bedroht das Konzept der Demokratie in jedem Land; der Mittelstand wird ausgehöhlt, Pressefreiheit ist fraglich geworden. Und wie bei jeder industriellen Revolution werden viele Arbeitsplätze in traditionellen Beschäftigungen verloren gehen. Ab 2030 soll es automatisch gelenkte Fahrzeuge geben. Vom Taxilenker bis zum Fernlaster entfallen viele Jobs.

Durch *Distance Learning* könnten viele Lehrberufe – von Volksschule bis zur Universität – überflüssig werden. Im Zusammenhang damit wird die kommende Inflationswelle viele Existenzen zusätzlich bedrohen. Die Klimaproblematik wird die Situation weiter belasten. Diese Szenarien schüren Angst und aus dieser Angst entstehen Aggression und Gewalt, die zu erhöhter Kriminalität und bürgerkriegsähnlichen Zuständen führen könnten.

Und es könnte noch viel schlimmer kommen, wie der jüngst entflammte Angriffskrieg gegen die Ukraine zeigt. Dies betrifft nicht nur Europa, dieser Akt – in seiner Unmenschlichkeit und Rechtsverletzung – leitet eine Zeitenwende zurück zum Kalten Krieg ein. Schon Albert Einstein sagte so treffend, der Mensch entwickelte die Atombombe, keiner Maus würde es einfallen, eine Mäusefalle zu erfinden.

Eine radikale Kehrtwende von diesen düsteren Zukunftsbildern ist angebracht. Wenn Glück und Wohlbefinden der Bevölkerung, wie in Bhutan, das Hauptprogramm der Regierungen sein könnten, dann würden sich viele andere Parameter wieder normalisieren. Zudem müssen wir gemeinsam und geeint die Werte verteidigen, die unser Leben lebenswert machen.

Bhutan ist nicht das Paradies auf Erden. Es ist vielmehr ein Laboratorium, wie man das Zusammenleben nach anderen als nur ökonomischen Parametern regeln könnte, wo heute oft männliche – leider negative – Aspekte überwiegen.

Gewaltlosigkeit ist für den Buddhismus kein diplomatisches Vokabel, sondern aktives, gelebtes Mitgefühl. Das bedeutet Arbeit und Anstrengung für jeden einzelnen Menschen. In diesem Sinne ruft der Dalai Lama zu Kompromissbereitschaft und Flexibilität im Denken auf. Er selbst – schon in jungen Jahren im Exil in Indien –, seine Landsleute und die tibetische Kultur von den Chinesen bedroht, sieht auch in dieser Situation etwas Positives: Er lernte andere Religionen, andere Länder und deren Menschen kennen und konnte so die Botschaft und die Lehren des Buddhismus weltweit verbreiten.

Und die Grundaussage des Buddhismus ist, dass jedes Lebewesen, nicht nur Menschen, nach Glück streben und Leid vermeiden wollen. Dies ist der gemeinsame Nenner einer Vision, die gegenwärtig viel zu kurz kommt, die uns jedoch alle vereint und die eine Leitidee werden könnte und sollte.

Auf persönlicher Ebene wachsen aus dem Yin und Yang- Symbol zwei Blüten heraus – Eleonora und Tudora –, damit sie das Prinzip des Geschlechts in ihrem Leben harmonisch verwirklichen können.

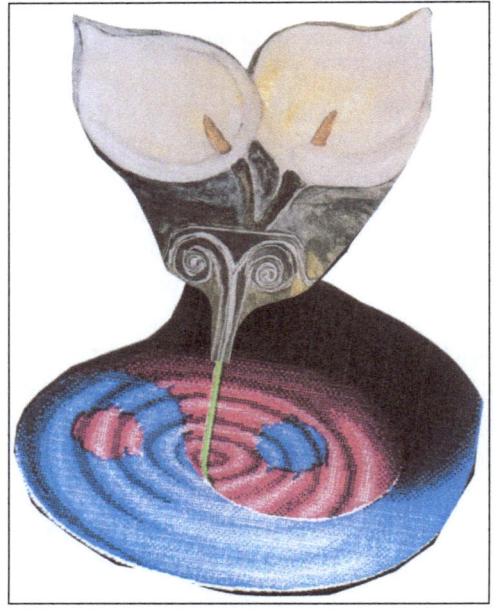

An Stelle eines Epilogs

Dieser Text und die symbolischen Bilder sind nicht gedacht, linear – in gerader Linie – gelesen und verstanden zu werden. Sie präsentieren sich eher wie eine Zwiebel, Schale um Schale, Schicht um Schicht. Manchmal scheinen die Überlegungen auch kontrovers und widersprüchlich; aber nur auf den ersten Blick – am Ende ist alles Harmonie und Einsicht. Denn diese Gedanken und Sprüche stammen aus vielen Ecken des blauen Planeten und sind in jeder Epoche der Menschheitsgeschichte gültig.

Jetzt will ich euch einige Begebenheiten aus meinem Leben erzählen, die sowohl auf meine Biographie als auch auf meine Denkweise ein Schlaglicht werfen. Es sind nur wenige verbale Pinselstriche, aber voller Farbe und Elan, die in Kürze viel aussagen.

Der Ausflug auf einem Elefanten in Sri Lanka gehört zu meinen Sternstunden. Es ist ein erhabenes Gefühl, sich auf so einer Naturgewalt zu bewegen und die Welt aus einer Elefanten-Perspektive zu sehen. Naomi ist eine Elefanten-Dame, wirkte in einem Tempel und verdient sich jetzt ihr Zubrot; oder ist es schon ihr Gnadenbrot?

Würdevoll schreitet sie auf dem Dschungelpfad dahin; plötzlich verlässt sie den vorgeschriebenen *Parkcourt*, trabt einen Hügel hinunter und beginnt ihr zweites Frühstück. Rebellion? Langeweile? Hunger? Wohl keines dieser Motive oder von allen etwas.

Die Elefanten-Dame erinnert mich an meinen Vater, den Herrn Hofrat, der die Arbeiterzeitung in einem erzkonservativen Ministerium mit Vorliebe vor den Sitzungen provokativ aufschlug. Aus Langeweile? Aus Opposition? Aus Neugierde auf die Reaktion? Wer weiß das schon so genau. Im Prinzip hielt mein Vater nichts von Politik und Politikern. „Eine unseriöse Beschäftigung, meistens dann ausgeübt, wenn man keinen ordentlichen Beruf erlernt hat." Das war seine Grundeinstellung, aber er gab zu, dass es Ausnahmen gab: Staatsmänner. Aber dies ist in jeder Nation ein Jahrhundert-Ereignis.

Zurück zu Naomi, der Elefanten-Dame. Bei solchen Naturgewalten spielt das Geschlecht keine Rolle und die Erinnerung an meinen Vater war lebendig da. Der Elefantenführer, mit einem Hanfstrick um den Hals des Riesentiers verbunden, starrte verblüfft in die Luft. Dann begann er in der Landessprache einige Befehle zu brüllen, die Naomi nicht einmal ignorierte.

Da wurde mir erst bewusst, dass weder Strick noch eingeübte Befehle die geringste Einflussnahme auf Naomi hatten. Das erfasste der Elefanten-Führer auch; er verstummte kleinlaut und besorgt. Und wir warteten alle geduldig, bis das zweite Frühstück beendet war, Naomi dann den Hügel hinauf trabte und den gewohnten *Parkcourt* wieder aufnahm.

Erst nach dem Abstieg auf einer Rampe wurde mir die Gefährlichkeit der Situation bewusst. So einen Dschungellauf hätte ich nicht unbeschadet überstanden. Nicht umsonst hatten sich alle Männer der Touristengruppe geweigert, auf den Elefanten zu reiten. Das konnte ich doch so nicht stehen lassen.

Und ich wurde belohnt. Für kurze Zeit hatte ich mich mit einer Naturgewalt verbunden gefühlt, die man nicht kontrollieren konnte, die aber großmütig wieder in die Normalität zurückkehrt, wenn gezeigt wurde, wer eigentlich das Sagen hat. Die Begegnung mit der Elefantendame Naomi ist für mich immer präsent, obwohl sie schon fast ein Jahrzehnt zurückliegt.

Ein weiteres Erlebnis der besonderen Art liegt weit mehr als ein halbes Jahrhundert zurück. Ich war gerade 17 Jahre alt und wir führten Teile von Maria Stuart im Schultheater auf, weil unsere Professoren den Eltern imponieren wollten. Ich spielte Elisabeth und als meine Freundin Renate – sie war Maria Stuart – mir entgegen schmetterte: „Der Thron von England ist von einem Bastard entweiht!" – da erlebte ich das Genie, die Leidenschaft und die Tragik von Schiller.

Er ist mein Favorit unter den Klassikern. „Franz heißt die Kanaille", in den Räubern, begeisterte mich ebenso wie der denkwürdige Ausspruch: „Wo es einen Brutus gibt, da muss ein Cäsar sterben."

Goethe ist für einen klassischen Helden zu alt geworden. Und zu den Marienbadener Elegien habe ich eine zwiespältige Einstellung. Ein Greis erwartet eine emotionale, erotische Reaktion von einem Teenager bei einem Altersunterschied von mehr als einem halben Jahrhundert. Und doch rühmt Stefan Zweig dieses Werk als eine Sternstunde der Dichtung mit einer herrlichen, überirdischen Sprache, sein reifstes Gedicht im Alter.

Doch ein Spruch von Goethe gefällt mir recht gut: „Vom Vater hab' ich die Statur, von Mütterchen die Frohnatur, die Lust zu fabulieren." – Dies sind natürlich sehr persönliche Ansichten zur Weltliteratur. Aber schon Voltaire sagte: „Ich teile nicht Eure Meinung, aber ich bin bereit, bis zum Tod zu kämpfen, dass ihr sie sagen dürft."

Und dann gibt es noch eine Sternstunde, die ich meistens verdränge. In Manila, in den Philippinen, wo ich als Economist in der Asiatischen Entwicklungsbank arbeitete, wurde viel Golf gespielt. Man musste sich anmelden und Teams bilden. Doch eines Tages hatte ich den gesamten Golfplatz für mich allein.

Ein Chinese, der Rauschgifthandel im großen Stil betrieben hatte, sollte öffentlich hingerichtet werden. Mann und Maus, Golfpros, Caddies, jeder, der je einen Golfschläger in Händen gehalten hatte, war im Club abwesend, um bei diesem grausigen Spektakel zuzusehen. Ich spielte allein, gegen mich selbst. Natürlich war mein Score nicht *on the scratch*, davon war ich weit entfernt, doch für meine Verhältnisse erstaunlich gut. Doch es konnte keine Freude aufkommen. Hier kamen zwei tiefe Abgründe der menschlichen Seele gepaart zum Vorschein: Geldgier – Todesstrafe auf Rauschgifthandel war bekannt – und Schaulust an extremen Grausamkeiten.

Jetzt will ich aber mit einem schönen Thema die Gedanken über Glück und Zufriedenheit abschließen – das sind Märchen. „Es war einmal …" leitet immer eine neue Bewusstseinsstufe ein. Diese besondere Literaturgattung muss man zweimal im Leben lesen. Als Kind begeben wir uns in eine andere Welt, wo Wunder noch möglich sind. Als Erwachsene, wenn sie uns mehr zu sagen haben, erleben wir die symbolhafte Bedeutung dieser Geschichten. Kinder wissen auch, dass Märchen Symbole sind, ohne es zu verstehen, aber sie erahnen das Besondere.

Märchen können vor der Wirklichkeit retten, wenn das Wünschen nicht mehr geholfen hat. Der Tod der Mutter, vielleicht schon bei der Geburt, war früher eine häufige Tragik. Das Auftauchen der Stiefmutter hat eine zweifache Interpretation, den biologischen Tod oder die eigene Mutter kann die Bedürfnisse des heranwachsenden Kindes nicht mehr genügend abdecken.

Zwei Charakterzüge einer Persönlichkeit werden im Märchen oft in zwei Personen oder einem Menschen und einem Tier aufgezeigt. Beispiele hierzu sind die Märchen „Brüderchen und Schwesterchen", oder „Die zwei Brüder". In der ersten Erzählung verlieren zwei Kinder ihre Mutter. Durch diesen Verlust wird ihre Sehnsucht nach Liebe abgespalten. Zwei Facetten einer Persönlichkeit, die heranreift, verwaisen: nach außen abenteuerlustig, freudig, dass es begehrt wird; nach innen hockt Schwesterchen tief im Wald voller Angst vor der Welt und regrediert in die Welt des Kindes.

Das Märchen ist ein Wegweiser in eine unbekannte Zauberwelt. In der Rehlein-Sprache – der Bruder wurde in ein Tier verwandelt – Symbol für abgespaltene Triebe, da geht es um Nicht-Gesagtes, um sehr viel Sensibilität, um dann später eine gesunde Entwicklung zu ermöglichen.

Diese zweite Erzählung ist nicht so bekannt; es kommen darin vorwiegend männliche Protagonisten vor, während sonst Frauengestalten überwiegen. Der eine Bruder ist ein Goldschmied, reich und böse; der andere ein Besenbinder, arm und gut. Dieser sah eines Tages einen goldenen Vogel, warf mit einem Stein nach ihm und kam so zu einer goldenen Feder, die er seinem Bruder brachte. Dieser wollte den ganzen Vogel, denn er war schlau und wusste, wenn er Herz und Leber verzehrte, dass er dann jeden Tag einen goldenen Dukaten unter seinem Kopfkissen finden würde.

Doch die Kinder des Besenbinders hatten Hunger und – in einem unbeobachteten Augenblick – verspeisten sie den Vogel. Der böse Bruder verleumdete die Buben, dass sie vom Bösen besessen wären, sodass sie ihr Vater in den Wald brachte und schweren Herzens verstieß.

Hier geht es um Talente, die manchen Menschen wie im Schlaf zufallen, ein unschätzbarer Reichtum, der von den Reichen wie ein Diebstahl gesehen wird. Soziale Schranken sollen nicht überschritten werden; in der Vaterfigur werden zwei Seiten einer Persönlichkeit offenbar. Wenn die Eingangsbilder in die Realität übertragen werden, soll man verstehen, dass keine Situation nur von einer Seite zu betrachten ist.

In einem weiteren berühmten Märchen, „Der Arme und der Reiche", wandelt Gott unter den Menschen, zunächst ohne erkannt zu werden. Dieses Thema hat biblisches Format. Das Thema des Fremdseins zieht sich durch die Weltliteratur. Die Gastfreundschaft war kulturbildend und es gibt gleiche Erzählungen rund um den Globus.

Gott sitzt neben uns und wartet darauf, erkannt zu werden. Dann hat man drei Wünsche frei. Die Wünsche des Armen sind bescheiden, aber weise. Ein einfaches, glückliches Leben, immer unverkrampft und menschlich zu bleiben und die Seligkeit nach dem Tode.

Der Reiche weiß vor lauter Gier gar nicht, was er sich zuerst wünschen soll. Am Schluss hat er nichts gewonnen, außer seine Ansicht bestätigt, um reich zu werden in dieser Welt, muss man skrupellos sein.

Es geht in diesem Märchen darum, sich selbst zu erkennen. Glücklich werden die Menschen genannt, die ihre Armut anerkennen und trotzdem menschlich bleiben, ohne Gier nach Macht und Reichtum. Es ist nur ein Wahn der Reichen, die anderen beherrschen und unterdrücken zu können. Der sittliche Mensch liebt seine Seele, der gewöhnliche sein Eigentum.

Das Bild ist im Märchen oft grausam genau, die Königin wird zum Schlossgespenst. Auch sind König und Königin, Prinz und Prinzessin nicht hochherrschaftlich zu verstehen: Wenn ein Mensch bedingungslos geliebt wird, dann wird er zum König, zur Königin, zu Prinz und Prinzessin.

Schneewittchen ist ein besonderes Märchen; die Geschichte wird aus der Perspektive des Kindes erzählt. Nach dem Wunsch der eigenen Mutter, die bei der Geburt starb, soll ihre Haut so weiß wie Schnee, ihre Lippen rot wie Blut und ihre Haare so schwarz wie Ebenholz sein. Mit sieben Jahren ist Schneewittchen tausendmal schöner als die königliche Stiefmutter, wie deren Zauberspiegel verkündet. Damit ist ihr Tod beschlossene Sache.

Die Königin treibt ihren Konkurrenzkampf bis zum Kannibalismus. Sie verzehrt Herz und Leber des Tieres, das der Jäger als falschen Beweis für die Tötung Schneewittchens der Königin bringt. Es besteht ein Konkurrenzkampf um Schönheit und Jugend, obwohl der Mann als Ehegemahl und Vater keine Rolle spielt. Trotzdem wird das männliche Prinzip als gefährlich dargestellt. Der Jäger, als Vertreter des männlichen Geschlechts, vermutet, dass Schneewittchen im Wald von wilden Tieren zerrissen wird.

In diesem Märchen geht es um das Motiv, dass die Mutter nicht will, dass die Tochter sich entfaltet und zu einer erwachsenen Frau wird. Das Mädchen erstickt im Schönheitswahn der Mutter. Auf dem Weg zur Eigenständigkeit in der Fremde kehrt Schneewittchen in die Welt der Kindheit zurück. In Ausdrücken wie Tischlein, Becherlein und Bettchen zeigt die Sprache die Regression an. Da das Mädchen den Schritt zur Reife verweigert, erkennt sie die Bösartigkeit der Stiefmutter nicht und landet im gläsernen Sarg. Der Prinz hilft Schneewittchen in das Bewusstsein der neuen Gegenwart – nicht in der Vergangenheit und jüngeren Entwicklungsstufe gefangen zu bleiben – und so eine gleichwertige Partnerin in einer Liebesgemeinschaft zu werden.

Die Märchen entstanden nicht erst am Beginn des 18. Jahrhunderts mit den Gebrüdern Wilhelm und Jacob Grimm, die sie sammelten, aufzeichneten und dabei auch manchmal veränderten. Bemerkenswert ist der Umstand, dass beide Ausgaben in den Jahren 1812 und 1815 ein wirtschaftlicher Flop waren. Und doch begeistern diese Erzählungen noch heute, mehr als 200 Jahre später, Kinder und Erwachsene.

Diese Märchen und ihre Motive begannen vor mehr als 10 000 Jahren in mündlicher Überlieferung. Die gleichen Geschichten sind auf dem ganzen blauen Planeten verbreitet. Es ist das Licht, das uns Menschen vereint. Märchen sind existentielle Parabeln, die berichten, was Menschen und Dinge brauchen. Märchen werden missverstanden, wenn sie nur soziologisch oder historisch interpretiert werden.

Der Materialismus ist das magische Instrument in der westlichen Welt, um alle Wünsche zu befriedigen. Märchen weisen darauf hin, dass dies unmöglich ist. Durch Schaden und Schmerzen wird der Mensch weiser und einsichtiger. Er lernt so, die Welt anderer Menschen und anderer Kulturen zu sehen, den Teufelskreis zu durchbrechen, auch die Armut zu akzeptieren, ja sich selbst in seinem So-Sein zu lieben. Nur dann ist man gütig zu anderen Lebewesen. So sagte schon Buddha, dass der Geist durch seine Aktivität der leitende Architekt des eigenen Glücks und Leidens ist.

Wenn es schneit, dann schüttelt Frau Holle die Betten aus. Diese Märchengestalt gehört zu den wildesten Wesen. Bei den Gebrüdern Grimm ist sie eine alte Frau mit langen Zähnen. Jedoch im Norden ist sie Holda, eine germanische Göttin, die mit wilden Tieren durch die Rauhnächte streift, eine sehr heidnische Figur.

Der Brunnen spielt bei diesem Märchen eine wichtige Rolle. Auf der ganzen Welt gibt es keinen Marktplatz ohne Brunnen. Dort wird nicht nur Wasser geholt, dort werden wichtige Botschaften ausgetauscht und auch Liebesgeschichten beginnen hier. Aber im Märchen ist der Brunnen das Tor zu einer anderen Welt mit eigenen Gesetzen. Obwohl Goldmarie in den Brunnen hinab steigt, fallen die Schneeflocken von oben. Irdische Physik wird einfach aufgehoben.

In dieser Erzählung kommen wieder nur weibliche Protagonisten vor, außer dem Hahn, der die Wiederkunft von Gold- und Pechmarie ankündigt, die je nach ihrem Verhalten belohnt oder bestraft werden.

Es gäbe noch so viel zu sagen über Märchen und ihre Bedeutung für die Seele. Ich wollte nur eure Neugier wecken und die Lust an Märchenbüchern steigern. Es ist der Königsweg, um sich selbst und andere Menschen, fremde Kulturen besser zu verstehen und richtig zu handeln.

Seit eurer Geburt habe ich euch kleine Aufmerksamkeiten geschenkt: zuerst zwei große Golddukaten, Philharmoniker genannt. Dies soll Symbol für das Neujahrskonzert der Philharmoniker sein, das global von Wien ausgestrahlt mehr als hundert Länder in der Freude an Musik, Kunst und Lebensfreude verbindet.

Zwei Bernsteinketten von eurer Urgroßmutter zusammen mit Korallen aus Peking sollten beim Zahnen anlässlich des ersten Geburtstags helfen. Zwei Goldkreuze mit Rubinen im Zentrum sollen euch euer ganzes Leben lang schmücken und beschützen. Zu Schulbeginn bekommt ihr ein Schachbrett mit geschnitzten Figuren aus den Philippinen. Vielleicht macht es euch Spaß, dieses Spiel der Strategie zu erlernen.

Und immer wieder werden Märchenbücher zu euch gelangen von meiner großen Bibliothek, nicht nur aus dem deutschen Sprachraum, aus vielen europäischen Ländern und von allen Kontinenten. In diesen Schriften liegt nicht nur Kunde von den verschiedensten schwierigen Situationen; da werden immer auch verblüffende Lösungen angeboten, die von Weisheit und Einsicht zeugen. Und bei dieser Lektüre werdet ihr auch gut unterhalten. Es ist doch erstaunlich, wie viele Märchen und Volksweisheiten mit den hermetischen Prinzipien übereinstimmen.

Am Ende darf ein Wort des Dankes nicht fehlen, an alle, die zur Entstehung der Glücksfibel beigetragen haben. An erster Stelle seid es wohl ihr, Eleonora und Tudora, deren Geburt den Startschuss gegeben hat. Ich zweifle nicht, dass ihr die Hermetik als Teenager kognitiv verstehen werdet. Aber ob ihr dieses Wissen dann auch schon integrieren und anwenden könnt? Deshalb habe ich die Glücksfibel schriftlich aufgezeichnet, zu wiederholtem Gebrauch und immer bereit.

Weiters haben mich meine Studien der Kunstgeschichte und Archäologie, die Ausbildung zur Psychotherapeutin im Katathymen Bilderleben oder Symboldrama für die Kraft der Bilder in der Seele sensibilisiert, und mich auch zu Pinsel und Farbe greifen lassen. Allen diesen Lehrer/innen und Professor/innen ein großes Dankeschön.

Viele Gespräche – mit einem guten Glas Rotwein – sowohl mit Kollegen/innen und Freund/innen haben mich zur Klarheit und Kürze gezwungen. Afrodita, meine Antara-Trainerin, eine leidenschaftliche und zugleich praktische Persönlichkeit – die erste Leserin des Manuskriptes – hat mich mit ihrem Kommentar glücklich gemacht: „Das ist eigentlich alles ganz klar!" Danke für die Ermutigung. – Hilfreich war auch die Publikation „Eigenlob duftet und glitzert", 2020, von Babette Bielke, die als Coach die hermetischen Prinzipien anwendet, und die mit ihren Ideen für Praxis und ihren Zitaten inspirierend war. – Notwendig war auch die IT-Unterstützung von Stefan Tudor Doroftei, der mit Geduld und Humor meine mangelnde Kenntnis der Computersprache kompensierte. Dr. Renate Dorner hat mit Engagement und Sorgfalt das erste Editing des Manuskriptes durchgeführt. Danke an euch alle.

Als Zusammenfassung der Glücksfibel ein paar goldene Regeln:
- Wenn ihr ein Problem habt, dann versucht doch, es zu lösen; wenn ihr es nicht lösen könnt, dann macht kein Problem daraus.
- Reich ist der, der weiß, dass er genug hat.

- Wenn ihr ein glückliches Leben wollt, dann verbindet es mit einem Ziel, nicht mit Menschen.
- Das Glück liegt in uns, nicht in den Dingen.

Zum Abschluss noch einige Gedanken zu den Märchen. Es gibt ein einziges Motiv, an das ich nicht glaube. Durch einen Kuss wird ein Frosch nicht zu einem Prinzen, eher umgekehrt. Oh, es gibt andere tiefenpsychologische Interpretationen, die lassen wir jetzt weg. Also hütet euch, einen Frosch, einen Mann mit Frosch-Gehabe zu küssen; er bleibt, was er immer war und ist: ein Frosch mit einer großen und lügnerischen Go!

Mein letzter Ratschlag in diesem Leitfaden durch das Labyrinth des Lebens, der zu einer Glücksfibel werden soll:

> „Gebt acht, was ihr denkt.
> Bedenket gut, wen ihr küsst."

In Liebe, TRAUTE
Wien, März 2022

Abbildungen

Seite 13: „Die Zwillinge", Familienfoto, S. 13
Seite 16: „Laotse vor dem Pass mit Zöllner", Malerei, Yuan Dynastie, 1260-1368, S. 16
Seite 21: „Stonehenge", Istock, S. 21
Seite 27: „Die Zwillingstürme", Gemalt von Autorin, S. 27
Seite 34: „Phoenix erhebt sich aus der Asche", Skulptur, um 1053, Byodoin Kloster, Kyoto; Abb. 366 aus Propyläen Kunstgeschichte, Bd. 17, China, Korea und Japan, 1968, S. 34
Seite 36: „Polaritäten treffen aufeinander", Skizze, ohne Angabe der Autorenschaft, S. 36
Seite 42: „Der Mensch zwischen Himmel und Erde", Höhlenzeichnung, Archiv Hugo Kükelhaus, S. 42
Seite 58: „Ein japanisches Paar – Puppen", Foto von Autorin, S. 58
Seite 68: „Ying Yang mit zwei Blumen", Collage von Autorin, S. 68
Seite 71: „Elefant Naomi nimmt ihr zweites Frühstück ein", Foto der Autorin, S. 71
Seite 79: „Froschkönig", Terrakotta von Autorin, S. 79

Die Autorin

Dr. mult. Traute Wohlers-Scharf wurde 1938 in Wien geboren. Nach ihren Doktoratsstudien (Rechts- und Staatswissenschaften, später Klassische Archäologie) an der Universität Wien begann sie eine Karriere bei internationalen Organisationen wie IDEP/UNDP (Dakar), UNIDO (Wien), Asiatische Entwicklungsbank (Manila) und OECD (Paris). Ihre internationale Arbeit hat sie niedergelegt, als ihr Ehemann krank wurde. Anschließend absolvierte sie eine professionelle Ausbildung zur Psychotherapeutin (Symboldrama) und war als solche in Wien tätig.

Zu ihren Interessen zählen neben dem Lesen, Bridge Spielen, Golfen, Malen und Töpfern auch das Reisen, sowie seit kurzem die gesunde Küche. Ihre bisherigen Publikationen umfassen u. a. die Werke „Forschungsgeschichte von Ephesos" (Peter Lang Verlag), „Tarot – der Weg nach Innen" (Rainbow Spirit Verlag), „Trilateral Cooperation" (OECD, Paris) und „Dictionary of Development Economics" (Elsevier Verlag).

novum VERLAG FÜR NEUAUTOREN

Der Verlag

„ *Wer aufhört besser zu werden, hat aufgehört gut zu sein!*

Basierend auf diesem Motto ist es dem novum Verlag ein Anliegen, neue Manuskripte aufzuspüren, zu veröffentlichen und deren Autoren langfristig zu fördern. Mittlerweile gilt der 1997 gegründete und mehrfach prämierte Verlag als Spezialist für Neuautoren in Deutschland, Österreich und der Schweiz.

Für jedes neue Manuskript wird innerhalb weniger Wochen eine kostenfreie, unverbindliche Lektorats-Prüfung erstellt.

Weitere Informationen zum Verlag und seinen Büchern finden Sie im Internet unter:

www.novumverlag.com